나는 자는 동안에도 돈을 번다

나는 자는 동안에도

리뷰요정리남 지음

디지털 노마드 시대,
경제적 자유를
얻는 법

돈을 번다

추·천·의·글

평범한 사람의 비범한 도전

앳된 얼굴의 저자를 만난 지 벌써 1년이 지났다. 당시에 '(평범한 사람이) 월 천만 원 버는 블로그를 만들려면 어떻게 해야 하느냐'는 내 질문에 저자는 '일단 블로그를 만들어야 한다'라고 대답했다. 당연한 말이지만 결코 가볍게 넘길 수 없는 말이다. 어쩌면 이 책의 전체 내용보다 더 중요한 이야기일지도 모른다. 사람들은 쉬이 '성공담'에 열광하지만, 정작 그 이야기를 듣고 나서 실천하는 데까지 나아가지 못한다.

단순히 의지가 부족해서일까? 저자는 그렇지 않다고 힘주어 말한다. 뭘 해야 할지는 알겠는데, 어떻게 해야 할지 몰라서 못한다는 것이다. '시작이 반이다'라는 말이 있다. 시작하는 것이 중요하다는 말이기도 하지만, 막상 시작하기가 얼마나 쉽지 않은지를 강조하는 말이기도 하다. 저자는 이러한 초보자들의 막막함을 잘 이해하고 있다. 이 책은 처음부터 끝까지 초보자의 눈높이에서 쉬운 언어로 쓰여 있다.

그렇다고 이 책이 블로그를 키우는 '마법의 공식'을 알려주는 건 아니다. 블로그를 통해 수익이 나는 원리를 소개하고, 그 원리에 근거해 블로그를 최적화하는 논리적인 과정을 소개할 뿐이다. 하지만 이것이 가장 정직한 방법이라고 생각한다. 모든 시스템은 조금씩 업데이트가 되고 최적화 방식도 달라진다. 하지만 저자는 그 모든 상황을 이해하고 대응할 수 있는 원리를 알려주었다. 시간이 지나도 이 책은 여전히 유용할 것이다.

저자와 나는 사람들이 큰 관심을 두지 않는 분야에서 월 천만 원 이상의 수입을 달성한 경험이 있다. 돈 버는 일은 결코 쉽지 않다. 하지만 지금은 분명히 돈을 벌기 좋은 시대다. 어느 때보다 인간관계, 자본금, 시간, 거리 같은 제약으로부터 자유롭게 돈을 벌 수 있기 때문이다. 내가 퇴근한 이후에도, 내가 자는 동안에도 돈을 벌 수 있다. 블로그를 통해서도 마찬가지다.

1년 전 저자를 만났던 순간을 기억한다. 그때야말로 모두가 블로그는 끝물이라고 생각했다. 잘해야 월급 정도는 벌 수 있겠지만 월 천만 원은 어려울 거라고 생각했다. 하지만 그는 그렇지 않다는 것을 담담하게 이야기해 주었다. 그가 들려준 이야기들은 신선했다. 그리고 그가 해온 노력들은 특별했다. 이 책 속에 담긴 무수한 방법과 힌트가 여러분에게도 도움이 되기를 바란다.

신사임당 주언규

리남의 강의를 수강한 분들의 실제 후기

오랜만이네요! 먼저 댓글로 감사하다는 말씀을 드리고 싶습니다. 리뷰요정리남님의 영상을 보고 티스토리를 시작해 애드센스를 단 지 3개월이 안 돼서 통장에 440만 원이 들어왔네요. 저도 이 정도 수익이 들어올지는 꿈에도 생각하지 못했습니다. 비록 이번 달은 수익이 많이 떨어지긴 했지만, 한 달에 20만~30만 원이라도 벌자는 목표로 시작했던 저는 1000% 만족하고 있습니다. 시작이 반이라고 하는데, 그 반을 이루게 해주셨으니 너무 감사드립니다. 이 은혜를 갚아야 할지 모르겠네요. 항상 건강하세요.
— 나***

제 인생 최고 수입입니다. 살면서 한 달에 이렇게 많은 돈을 벌어본 적이 없습니다. 500만 원이 통장에 찍히는 걸 경험하게 해줘서 정말 감사하다고 말씀드리고 싶습니다. 유튜브를 시작해주셔서 감사하고 힘들게 알게 된 걸 이렇게 강의로 알려주셔서 감사합니다. 강의 내용은 그 많은 사람들이 몇 년 동안 생각지도 못했던 것들입니다. 그래서 리남님이 말씀하신 대로 방법보다는 저걸 어떻게 알게 되었을지, 왜 알려고 했을지 열심히 공부했습니다. 저는 거기서 답을 찾았고 센스 없는 저도 발견했으니 여러분도 발견할 수 있을 겁니다. ─디***

블로그를 시작하기 전에는 적은 월급으로 직장 생활도 재미없고, 하는 일마다 불평하기 일쑤였습니다. 하지만 블로그로 한 달에 100만 원 정도의 추가 수익이 생기면서 마음이 가벼워진 덕에 오히려 직장 생활을 즐겁게 하고 있습니다. 블로그는 무자본으로 수익을 낼 수 있는 아주 좋은 수단입니다. 월 100만 원 정도의 수익을 얻으려면 적어도 2억이 넘는 부동산이 있어야 합니다. 저처럼 리남님을 믿고 블로그를 시작한다면 생활에 정말 큰 변화가 생길 것입니다. ─꼬****

저는 블로그를 해본 적이 없었고, 블로그에 대해 아는 게 없었던 사람입니다. 블로그를 개설해둔 상태였지만 글을 써본 적도 없었습니다. 이런 제가 2020년 12월에는 거의 200만 원에 가까운 수익을 달성했습니다. 물론 2021년 1월 수익은 다시 140만 원 정도로 줄었지만, 전보다 투자하는 시간이 많이 줄었습니다. 즉, 가성비는 시간이 흐를수록 점점 높아지고 있습니다. 게다가 한 번 수익 구조를 갖추니 글을 쓰지 않아도 한 달에 100만 원에 가까운 수익이 발생한다는 사실에 놀라고 있습니다. ㅡ건*******

블로그로 수익을 내든 다른 파이프라인을 만들어서 수익을 내든 실천이 제일 중요한 것 같아요. 저는 겁이 많은 편이라 생각만 하고 실천하기까지 오래 걸렸는데 이젠 막 이것저것 해보면서 수익이 나는 걸 눈으로 확인하니까 재밌더라고요. 리남님이 주로 하시는 티스토리는 아직 수익이 미비하지만, 티스토리를 시작으로 여러 가지 파이프라인을 만들어가는 중이에요! 언젠가 파이프라인이 월급이 되는 그날까지 열심히 달려보겠습니다.　ー탕***

리남님 덕분에 티스토리 시작해서 11월 수익이 759.47달러나 나왔어요! 정말 감사하고 더 성장할 수 있을 것 같아서 벌써부터 기분이 좋네요. 감사합니다.　ーD*********

리남님 덕분에 블로그 수익을 열심히 내고 있습니다. 3개월 만에 148달러 입금되었어요. 이번 달 입금 예정 금액은 130달러입니다. 방문자 없다고 리남님께 징징댄 게 엊그제 같은데 많이 발전했죠? 최근에 유튜브를 시작하면서 블로그에 소홀했는데 이 영상 보고 다시 힘내서 글을 써야겠어요. 리남님 강의 준비 열심히 하시고 항상 감사해요.　ー야***

네이버 블로그만 5년 이상 운영하다가 유튜브 붐이 일어나면서 블로그 유입 수가 적어졌어요. 그래서 유튜브로 많은 영상을 봤는데 정리가 잘된 리남님의 영상이 진짜 도움이 컸습니다. 이젠 저도 새롭게 유튜브도 시작해보려고 하는데 역시나 쉽지는 않네요. 꾸준히 하는 게 항상 제일 어려운 것 같아요. 리남님의 영상들을 보고 티스토리도 만들어야겠다는 생각이 들다가도 계속 망설였는데 진짜 다시 도전해봐야겠어요. 네이버를 손 놓는 게 아쉬웠는데 어떻게 운영해야 할지 조금은 감이 잡히네요. 항상 감사합니다.
—이*******

글을 남기고 싶어 밥하다가 말고 메시지를 보내요. 이쪽으로 요즘 관심이 많아 리남님의 여러 영상을 보았어요. 리남님을 보면 그래도 우리 밀레니얼 세대에 희망이 있다는 느낌을 정말 많이 받습니다. 저는 곧 중학생이 될 딸아이를 키우는 워킹맘인데요!

이렇게 열심히 사시면서 남에게 도움을 주고자 영상을 기획하고 촬영하고 편집해주셔서 정말 감사드릴 따름입니다. 이 하나의 영상을 제작하기 위해 얼마나 많은 시간이 필요하겠어요. 앞으로도 여러 지치는 일이 종종 있겠지만, 멀리 보시고 힘내세요!

― d**************

처음 시작하는 분들께는 정말 더할 나위 없는 강의예요. 다른 강의도 많이 검색해봤지만, 정말 필요 없는 내용이 많더라고요. 궁금한 것들을 하나씩 잘 설명해주셔서 이 강의를 들을까 말까 고민했던 게 후회될 정도네요. 이 클래스는 가입부터 차근차근 하나씩 살을 붙여가서 너무 좋아요. 전 1.5배속으로 강의를 세 번 넘게 돌려보는 중이에요. 초보인 만큼 알려주신 건 달달 외울 정도로 계속 보려고요. 처음이시라면 혼자 하시는 것보다 이 강의를 보며 따라 하시길 추천합니다.

― 김**

프·롤·로·그

지극히 평범했던 나도 했기 때문에 당신도 할 수 있습니다.

스물여섯 살의 평범한 취업준비생이었던 제가, 인터넷으로 돈을 벌겠다고 했을 때 가장 많이 들은 대답은 "남들은 몰라서 안 하냐"는 말이었습니다. 조금 더 현실적으로 생각하라는 이야기도 자주 들었습니다. 그렇다면 저는 정말 비현실적으로 생각했던 걸까요? 절대 아닙니다. 저는 취업이 잘된다는 말을 듣고 대학에서 싫어하는 분야를 전공으로 선택했을 정도로 지극히 현실적인 사람이었습니다. 빨리 돈을 벌어서 집도 사고 결혼도 하고 안정적인 삶을 살아야 한다고 생각했죠.

하지만 얼마 지나지 않아 이 생각 자체가 비현실적이라는 것을 깨달았습니다. 적은 월급만으로 집을 사는 건 불가능에 가까웠고, 이런 상황에서 결혼을 하고 아이를 양육한다는 일은 저에게 더더욱 현실적이지 않은 문제였습니다. 그렇습니다. 저는 경제적으로 어려운 사회 분위기에 압도당해 많은 걸 포기해야만 했던 N포세대의 일원이었습니다.

이런 상황에서 제가 포착한 기회의 땅은 다름 아닌 인터넷이었습니다. 취업을 위해 골방에 틀어박혀 코피를 쏟을 정도로 준비해도 미래에 대한 불안을 잠재울 수 없었기 때문입니다. 하지만 인터넷은 누구나 이용할 수 있는 데다 무한한 가능성을 품고 있었습니다. 제가 인터넷으로 눈을 돌린 건 어찌 보면 당연했습니다. 초기 비용이나 경력 같은 게 필요 없어 바로 시작할 수 있었죠. 저에게 인터넷으로 돈을 버는 것은 그 무엇보다 현실적이고 직관적인 일이었습니다.

그렇게 저는 인생에서 정말 중요한 시기인 20대 중반에 인터넷으로 돈을 벌기로 마음먹었습니다. 그 결과, 지금은 원하는 시간에 자유롭게 일하며 한 달에 3000만 원 이상의 소득을 얻는 디지털 노마드가 되었습니다. 자면서도 수익을 거두는 억대 연봉자가 되었죠.

누군가는 제가 특별한 경우라고 말합니다. 하지만 저는 특별하지 않습니다. 그 누구보다 평범했고 일인자가 되고 싶다는 생각은 진작에 버렸습니다. 이처럼 특별하지 않았던 제가 인터넷으로 돈을 벌기 위해서는 조금 더 근본적인 것에 집중할 필요가 있었습니다. 그래서 누구나 이용할 수 있는 것을 다른 시선으로 바라보고 최대한 활용했습니다.

저는 이게 바로 제가 디지털 노마드로서 성공할 수 있었던 요인이라고 생각합니다. 그런 의미에서 처음 이 일을 시작한다고 했을 때 제가 들어온 말들에 저는 이렇게 대답하고 싶습니다. "네, 그래요! 남들은 몰라서 못 하는 것이라고요."

이 책에는 평범했던 저를 성장시킨 경험과 시행착오가 담겨 있습니다. 무엇보다 디지털 노마드로서 제가 지녀온 마인드셋과 처절했던 실패담 그리고 실전 스킬을 썼습니다. 현실적으로 모두가 성공할 수 있다고 말씀드리기는 어렵습니다. 하지만 누군가는 반드시 성공한다고 강조하고 싶군요. 덧붙여 제가 확신할 수 있는 것은 지금은 인터넷이 돈이 되는 시대이고, 단 하나도 특별할 게 없었던 제가 그랬듯이 성공 가능성은 누구에게 열려 있다는 것입니다.

저는 여러분과 같은 N포세대로서 우리가 더 이상 무언가를 포기하는 세대가 아닌, 각자에게 주어진 것을 활용하여 더 나은 현실을 꿈꿀 수 있는 기회의 세대가 되기를 희망합니다. 그리하여 자면서도 돈을 버는 경제적 자유를 만끽했으면 좋겠습니다. 그 시작은 어떠한 능력이나 자본이 아니라 지금보다 더 나아가고자 하는 뜨거운 마음과 무쇠와 같은 태도로 실행하면 충분합니다.

여러분의 마음을 흔들 만한 이야기는 다 한 것 같군요. 자, 선택은 이제 각자에게 맡기고 저는 제 이야기를 시작하겠습니다. 우리에게 더 이상 포기할 것은 없습니다.

리뷰요정리남

차례

추천의 글 평범한 사람의 비범한 도전 ·· 5
리남의 강의를 수강한 분들의 실제 후기 ································· 8
프롤로그 지극히 평범했던 나도 했기 때문에 당신도 할 수 있습니다 ········· 14

제1부

원하는 것을 이루는 부의 마인드셋

01 돈을 벌기 위해 취업을 포기했다
나는 N포세대다 ·· 25
탈선도 필요할 때가 있다 ·· 29
바뀌고자 한다면 행동이 우선이다 ····································· 32
나 자신을 알기로 했다 ·· 35

02 나는 자면서도 돈을 벌기로 결심했다
의심을 확신으로 전환하라 ··· 43
온라인은 모든 게 돈이다 ·· 46
당신도 같은 실수를 하고 있을지 모른다 ······························ 49
아무 도움 없이 스스로 시작하는 방법 ································· 54

03 무자본으로 파이프라인을 구축하라

월급은 노후를 보장하지 않는다 ······ 60
죽는 순간까지 물을 길을 수는 없다 ······ 63
▶ Youtube 부업을 하는 이유: 파이프라인 ······ 68
무자본, 최소 시간, 공간 제약이 없는 가장 현실적인 부업 ······ 68
▶ Youtube 취미로 돈을 버는 가장 현실적인 방법 ······ 73
파이프라인 구축을 위해 필요한 것 ······ 73

04 거창하지 않아야 시작할 수 있다

블루오션을 찾지 않기로 했다 ······ 79
블로그는 이제 끝났다는 모두의 거짓말 ······ 83
▶ Youtube 블로그로 돈 버는 시대는 끝났다? ······ 90
사실 거창한 이유는 필요 없다 ······ 91

05 실수를 반복하지 않기로 다짐했다

실패를 통해서도 배울 게 있다 ······ 94
처음에 돈을 벌지 못했던 이유 ······ 97
▶ Youtube 블로그로 돈을 벌기 위해 필요한 것 ······ 100
그때는 몰랐고, 지금은 알게 된 것 ······ 100
여우와 두루미가 내게 준 교훈 ······ 104

제2부
자면서도 돈이 들어오는 파이프라인 구축 공식

01 성공의 핵심은 극비의 노하우가 아니다
근본적으로 필요한 것 ······ 111
온라인 마케팅으로 돈을 버는 방법 ······ 117
▶ Youtube 인터넷 광고 종류 정리 ······ 121
반드시 알아야 할 마케팅 플랫폼 ······ 121

02 딱, 아는 만큼 보인다
블로그 서비스의 종류와 특징 ······ 129
▶ Youtube 수익형 블로그 어디서 만들까? ······ 135
▶ Youtube 워드프레스는 정말 저품질이 없을까? ······ 139
애드센스를 선택한 이유 ······ 140
아는 것과 모르는 것의 차이 ······ 154
▶ Youtube 블로그 월 1000만 원 수익 공개 ······ 168

03 첫 단추를 제대로 끼우는 게 중요하다
시작이 반이다 ······ 169
티스토리 블로그 사용법 ······ 180
▶ Youtube 수익형 블로그 최적화 세팅 ······ 200
▶ Youtube 티스토리 신규 에디터 사용법 ······ 205
검색되는 블로그를 만들자 ······ 205
▶ Youtube 블로그 검색 등록하는 방법 ······ 215

04 시작은 구글 애드센스로 하라

구글 애드센스 승인 TIP: 정공법과 편법 ········· 216
구글 애드센스 신청하기 ········· 221
▶ Youtube 구글 애드센스 승인받기 ········· 228
구글 애드센스 사용법 ········· 228
▶ Youtube 애드센스 광고 넣는 방법 ········· 240

05 어떻게 나만의 무기를 갖는가

나만의 효과적인 무기를 갖는 방법 ········· 241
▶ Youtube 블로그 주제 선정 TIP ········· 244
▶ Youtube 키워드 추출 방법 ········· 250
장기적으로 필요한 마인드 ········· 251
당신은 나보다 더 빨리 성공할 것이다 ········· 256

에필로그 이 책 제목의 주인공이 당신이었으면 좋겠습니다 ········· 264

제1부

원하는 것을 이루는
부의 마인드셋

돈을 벌기 위해
취업을 포기했다

나는 N포세대다

나는 살면서 내 스스로 선택한 적이 별로 없었다. 초등학교를 졸업했더니 중학생이 되어 있었고, 중학교를 졸업했더니 고등학생이 되어 있었다. 그리고 마침내 꿈에 그리던 고등학교를 졸업하자 세상은 나에게 갑작스럽게 선택을 강요했다. 그렇다. 대학 전공을 선택해야 했던 것이다. 나는 인생의 첫 선택 앞에서 적잖이 당황했지만, 한편으로는 내가 무언가를 선택할 수 있다는 게 싫지만은 않았다. 그동안 내가 왜 공부를 하는지 의문을 품어왔고, 대학에 가서는 나에게 실질적으로 도움이 되는 학문을 배우고 싶었기 때문이었다.

하지만 12년간 학교 의자에 앉아 커리큘럼을 따라만 갔던 열아홉 살짜리 소년에게 특별히 하고 싶은 게 있을 리 없었고, 있다고 한들 너무나 막연하기만 했다. 그래서 나는 선택이라는 이름을 빙자한 강요에 의해 충분히 고민하지 못하고 취업이 잘된다는 학과로 진학했다. 늘 그랬듯이 남의 손에 내 인생을 맡긴 것이다. 그렇게 나의 꿈은 평범한 회사원이 되었다. 직장에 취업해 월급을 받아 그 돈으로 가정을 꾸리는 삶. 그게 내가 할 수 있는 최선의 바람이었고 목표가 되었다. 그러던 중, 졸업을 코앞에 두고 취업 준비를 하던 나는 막연하게만 생각했던 N포세대라는 단어와 정면으로 마주쳤다.

N포세대란 무엇인가? 처음에는 경제적 어려움 때문에 연애, 결혼, 출산을 포기한다는 3포세대에서 시작되었다. 이 단어가 생길 때만 하더라도 나는 아직 어렸기 때문에 가벼운 푸념 정도로 생각했다. 그러나 3포에 더해 집과 경력을 포기하는 5포세대, 취미와 인간관계를 포기하는 7포세대, 건강과 외모를 포기하는 9포세대까지, 급기야 셀 수 없을 정도로 많은 것을 포기해야 하는 포기의 끝판왕 N포세대에까지 이르자 이

말은 더 이상 농담처럼 들리지 않았다. 이게 내가 살고 있는 세상이고, 앞으로 뛰어들어야 하는 현실이었다.

내친김에 더 현실적으로 생각해보기로 했다. 요즘 결혼식 평균 비용이 1억 5000만 원이라고 한다. 실제로는 집도 마련해야 하기 때문에 저 비용보다 많으면 많았지 결코 적게 들지는 않을 것이다. 그렇다면 20대 중반에 학교를 졸업하고 취업을 해서 저만큼의 돈을 모으기까지 얼마만큼의 시간이 필요할까? 평균 연봉을 생각했을 때 한 달에 모을 수 있는 금액은 많아야 100만 원이고, 간단히 계산해도 6년이란 시간을 필요로 한다. 어디 그뿐인가! 이 돈을 모은다고 해도 사실상 전셋값은 턱없이 부족한 게 사실이며, 우리가 모은 돈 이상으로 매년 부동산 가격은 치솟고 있기 때문에 우리의 노력만으로는 내 집 마련의 꿈에 닿지 못할지도 모른다. 그렇게 내가 누릴 수 있는 것과 원하는 것을 하나하나 포기했음에도 불구하고 내 집 마련이라는 가장 기본적인 욕구 하나 충족하지 못하는 게 현실인 것이다. 이윽고 우리는 희망마저 포기하는 N포세대가 된다.

도대체 나를 얼마나 더 희생해야 할까? 혹자는 원래 청춘은 힘든 것이라고 이야기한다. 그러니 묵묵히 버텨내라고. 아프

니까 청춘이라는 말도 있지 않은가? 하지만 나는 도리어 묻고 싶다. 그렇다면 그 아픔 뒤에 보상은 있는지, 그럼 더 이상 아프지 않아도 되는지 말이다. 아쉽게도 내가 그동안 보아온 세상은 이상과는 아주 많이 달랐다. 아픔 뒤에 항상 완치라는 해피엔딩만 존재하는 것은 아니었고, 어쩌면 상처가 치료되기도 전에 죽음을 맞이할 수도 있었다. 나는 그때, 평범한 일상을 꿈꾸던 과거의 생각들이 모두 욕심이라는 것을 깨달았고, 노력으로 변하지 않는 현실이 있다는 걸 알게 되었다.

개인주의 성향이 짙은 우리 세대가 회사에 인생을 바치지 않는 것처럼 회사도 우리의 인생을 책임져주지 않는다. 그래서인지 이직과 퇴사가 잦은 요즘 분위기에 취업이 곧 안정감을 주지 않는다. 마음속 어딘가에는 항상 불안감이 남아있기 마련이다. 안정적인 삶을 위해 가장 보편적인 선택을 해온 나에게 그 끝이 불안감이라는 것은 너무나 가혹하게 느껴졌다. 나는 현실을 인정할 수밖에 없었다. 생각하건대 사람이 무너지는 순간은 지난 과거를 송두리째 부정당하는 찰나일 것이다. 취업을 위해 살아온 지난날은 신기루처럼 사라졌고, 취업을 포기하는 순간 나는 꿈과 희망도 없는 N포세대가 되었다.

탈선도 필요할 때가 있다

처음부터 취업을 포기하려고 했던 것은 아니다. 내가 살고 있는 세상이 어떻든 먹고살기 위해서는 일을 해야만 했고, 나에게 취업이란 의심조차 할 수 없는 선택지였기 때문이다. 실제로 내가 선택한 분야는 좋아하지 않는 것을 넘어 싫어하는 쪽에 가까웠다. 진지하게 자퇴를 고려할 정도로 나에게 맞지 않았다. 재수나 편입 의사를 부모님께 말씀드렸으나 어려운 가정 형편과 매몰찬 현실에 내 뜻은 부러진 나뭇가지처럼 늘 꺾이기 일쑤였다. 그래서 오로지 취업만을 목표로 어떻게든 꾹 참았다. 지금 생각하면 바보스럽지만 참고 포기하는 일에 익숙해진 탓이었다. 이러한 내 모습은 일명 수저계급론에서 이야기하는 흙수저의 모습과 다름없었다.

수저계급론이란 우리가 태어날 때부터 수저의 색깔이 정해져 있다는 이야기다. 유복한 집안에서 금수저를 물고 태어난 사람은 좋은 환경에서 듣고, 보고, 경험하며 더 나은 교육을 받을 수 있고, 이러한 경험과 재력은 이후 성공할 수 있는 발판이 되어준다. 반면 흙수저를 물고 태어난 사람은 상대적으로 낮은 질의 교육을 받으며, 경제적인 도움을 받지 못한 만큼 흙수저에서 벗어나기 힘들다는 게 수저계급론의 핵심이다. 인정하고 싶지 않지만, 금수저와 흙수저는 단순히 경제력을 넘어 살아온 환경에 의한 사고방식에도 차이가 있을 수밖에 없다. 누군가는 원하는 목표를 이루는 게 당연할지 몰라도 자연스레 많은 부분을 포기해왔던 사람에게는 목표를 이루는 일 자체가 사치로 느껴질 수 있기 때문이다.

나는, 내가 N포세대임을 진심으로 인정한 시점에서야 비로소 내 적성에 맞지 않는 일을 평생 할 수 있겠냐는 생각이 들었다. 그리고 내가 그렇게 원하고 또 원하던 평범한 삶조차 포기해야 한다면, 최소한 좋아하는 일을 해야겠다는 굳은 의지가 생기기 시작했다. 물론 동시에 그럼에도 버텨야 한다는 생각으로 골머리를 앓았지만 말이다. 그렇게 진로를 두고 많은 고민을 할 무렵 사소한 계기로 나의 운명은 완전히 바뀌게 되었다.

그간 고민이 많아서였을까? 지금 생각하면 웃음이 나오는 이야기지만, 어느 날 문득 전철을 환승하면서 이런 생각이 들었다. '1호선도 때로는 다른 노선으로 가고 싶을 때가 있지 않을까?'라는 생각이었다. 사람도 전철과 다르지 않다고 생각한 것이다. 전철이 사람에 의해 1호선 열차, 2호선 열차로 결정되듯이 우리도 알게 모르게 주변의 영향을 받아 노선을 결정하게 되고, 그렇게 노선이 정해지면 다른 노선으로 이동할 수 없게 된다는 생각이 들었다. 1호선이 2호선 노선인 강남으로 갈 수 없는 것처럼 말이다.

그런 의미에서 취업은 나의 한계를 결정짓는 꼬리표였다. 연봉 2000만 원짜리 사람과 연봉 3000만 원짜리 사람처럼 이 연봉으로 나의 가치가 매겨지고, 나보다 먼저 앞서간 인생의 선배들을 바라보며 나의 미래와 한계를 가늠할 수 있었다. 내가 아무리 열심히 노력한들 결국 연봉 5000만 원짜리 사람이 되는 것이다. 그렇게 우리는 5000만 원행 열차가 되어 열심히 달리지만, 종종 옆에 보이는 8000만 원행 열차가 부러울 것이다. 하지만 아무리 부러워해도 현실적으로 나는 8000만 원이라는 종착역에 도착할 수 없다. 나는 5000만 원행 열차이기 때문이다. 그저 조금이라도 더 빨리 목적지에 도착할 수 있는 승진이라는 이름의 5천만 원행 급행열차가 될 수 있도록 오늘도 열심히 달릴 수밖에 없다.

생각이 꼬리에 꼬리를 물면서 암울한 미래에 도착하자 취업한다는 게 너무 무섭게 느껴졌다. 정해진 급여를 받는다는 게 꼭 나쁜 것만은 아니지만, 아직 젊은 내가 가진 가능성이 닫히는 것처럼 느껴졌다. 무언가에 도전해보지도 못한 채 평생 도달할 수 없는 목적지를 부러워해야만 한다는 사실이 너무나 싫었다. 그 순간 정해진 급여를 받는 일이 아닌 내 노력과 성과에 따라 보상이 결정되는 일을 하고 싶다는 생각이 강하게 들었다. 그리고 정해진 노선만을 달려왔던 내 인생에서 첫 번째 탈선이 시작되었다.

바꾸고자 한다면 행동이 우선이다

가끔 주변을 둘러보면 무언가를 바라면서 아무것도 하지 않는 사람들이 있다. 그리고 온갖 불평불만을 다 늘어놓으며 주변 사람들에게 좋지 않은 영향을 끼친다. 내가 누구를 가르칠 정도로 삶의 내공을 쌓은 것은 아니지만, 그런 사람들을 위해 해주고 싶은 말이 있다. 진정으로 지금과 다른 삶을 원한다면 아주 사소한 것이라도 바꿔보려는 노력이 필요하다는 사실이다.

대표적인 예로 복권이 있다. 많은 사람이 한 번쯤 인생 역전을 꿈꾸지만 사실상 그것을 이룰 수 있는 수단은 그리 많지 않다. 하지만 내가 만약 복권이라도 구매한다면 어떻게 될까? 당첨 여부를 떠나 아주 미세할지라도 확률이 생기게 된다. 내가 아무것도 하지 않았을 때는 0이였지만, 복권을 구매하면 최소한 814만분의 1이라는 확률이라도 생기는 것이다. 어차피 당첨되지 않는다며 비난하는 사람들도 있겠지만, 나는 이 확률이 존재한다는 것이 매우 의미가 있다고 생각한다. 인생 역전을 꿈꾸고 있다면, 아니 최소한의 꿈이라도 꾸고 싶다면 아무것도 하지 않는 것보다는 복권이라도 구매하는 게 낫다.

무엇보다 나는 확률에 대한 이 생각 덕분에 결단할 수 있었다. 당시에 내가 섣부르게 취업 문제를 결정하지 못했던 이유는 나의 평생을 놓고 저울질하고 있었기 때문이다. 마치 0과 1만 존재하는 것처럼 취업하느냐 마느냐의 문제로만 인생을 바라봤고, 마치 10억을 얻기 위해 10억을 베팅하는 것처럼 큰 심적 부담을 느끼고 있었다. 하지만 꼭 모든 것을 걸 필요가 없다면? 복권은 당첨되었을 때 수십억의 이득을 볼 수 있지만, 거기에 베팅하는 금액은 불과 1000원밖에 되지 않는다. 물론 그만큼 확률은 떨어질 수밖에 없지만 중요한 건 내 모든 것을 걸 필요는 없다는 사실이었다.

이런 깨달음을 얻은 후 나는 스스로에게 이렇게 질문했다. '취업 준비를 1년만 늦추면 내 인생은 어떻게 될까?' 지금 당장 취업한다면 1년 더 월급을 받고 그만큼의 경력을 쌓을 수 있겠지만, 아무것도 도전해보지 못한 삶이라는 후회를 남긴 채 평생 싫어하는 일만 하며 살아갈 것이다. 하지만 지금 내가 도전한다면? 혹시 모를 가능성이 생길 수 있고, 실패한다고 하더라도 후회는 남지 않을 것이다. 평생이란 시간과 1년이란 시간을 저울질했을 때 1년은 그리 긴 시간이 아니라는 생각이 들었고, 나는 내가 하고 싶은 일을 찾아보기로 결심했다. 아무것도 하지 않아도 무언가 바뀔 거라는 헛된 희망을 버리고, 변화를 위해 기꺼이 행동했다.

버티는 게 정답은 아니다

앞에서 취업하지 않은 이유를 구구절절 설명했지만 사실 나의 경험은 특별한 것이 아니다. 자신이 진정 원하는 학과로 진학하거나 원하는 일을 척척 해내는 사람이 얼마나 되겠는가? 내가 하고 싶은 것보다는 취업률을 고려하고 주변에서 추천하는 학과로 진학하는 경우가 대부분이고, 이미 시작했기 때문에 어쩔 수 없이 하는 경우가 많다. 하지만 내 길이 아닌 것 같다는 생각이 든다면 때로는 과감한 탈선도 필요하다. 지금 하지 않으면 앞으로는 점점 더 무언가에 도전할 기회는 사라지기 마련이고, 내가 책임져야 하는 것이 늘어날수록 이런 고민조차 사치로 느껴질 수 있기 때문이다. 그러므로 바꾸고 싶다는 생각을 할 수 있는 바로 지금, 마음만 먹으면 할 수 있는 이 순간이 가장 최적의 타이밍이다. 설령 실패해도 우리는 괜찮다. 바로 오늘이 앞으로 남은 인생 중에서 가장 젊은 날이므로 나의 인생을 바꾸기에 이처럼 좋은 날은 없다.

나 자신을 알기로 했다

사람마다 동기부여를 얻는 포인트가 다르다. 누군가에게는 현실적인 조언이 효과적일 수 있고, 다른 누군가에게는 감성적인 스토리텔링이 큰 동기가 될 수 있다. 그런 의미에서 '변하고자 한다면 행동하라'는 말은 현실적인 조언에 속한다. 현실을 탓하고, 환경을 탓하고, 나라를 탓한들 변하는 건 아무것도 없다. 무언가를 했기 때문에 결과가 생긴다는 건 곧 진리다. 나는 CLASS101이나 유튜브, 각종 인터뷰에서 나의 길을 소개하고 조언하며 현실적인 이야기를 많이 한다. 하지만 사실 내가 남들과 다른 길을 걷게 된 가장 큰 이유는 감성적인 부분이었다.

나는 후회하는 내 모습을 증오했다. 종종 과거에 하지 못한 것을 후회하고 그리워했는데, 그때로 돌아가고 싶다고 생각할 때마다 나를 좀먹는 듯한 느낌이 들었다. 그래서 그랬을까? 당시 취업을 포기하겠다는 나의 결정은 마치 생존 본능과도 같았다. '지금이 아니면 너는 평생 후회하며 살 거야'라는 신호가 매일같이 가슴에 울려 퍼졌고, 결단을 내리지 않으면 나 스스로를 미워하게 될 것만 같았다. 그런데 여기서 한 가지 의문이 들었다. 나는 분명 안정을 최우선으로 삼으며 살아왔고 지원만 하면 취업을 시켜주겠다는데도 도대체 왜 이러는 것일까?

사람이라면 누구나 이중적인 모습을 가지고 있다고 생각한다. 가령 나는 규칙을 잘 지키고 다른 사람의 말을 잘 듣는 성격이지만, 사실 규칙을 싫어하고 모든 일에 '왜?'라는 의문을 품는다. 여태껏 나는 이런 태도를 객관적인 모습이라고 생각해왔다. 하지만 사람들과 교제하며 나타났던 나의 모습이 환경이나 교육에 의해 만들어진 것이라면, 내면의 모습이 진정한 나일지도 모른다는 생각이 들었다.

그래서 취업을 할지 말지 고민하던 때에 나 자신과 많은 대화를 나눴다. 옆에서 보면 미쳤다고 생각할지도 모르겠지만, 가상의 나를 만들어서 생각이 아닌 대화로써 진지하게 소통했다. 내가 진짜 원하는 게 무엇인지, 어떠한 삶을 살고 싶은지, 마치 생전 처음 보는 다른 누군가를 알아가듯 나라는 퍼즐을 다시 맞추기 위해 노력했다. 그 결과 나는 25년간 나 자신을 잘 모르고 살아왔다는 것을 깨달았다. 우리는 누구나 행복해지기를 원한다. 누군가에게는 돈이 행복일 수 있고, 누군가에게는 가정이 행복일 수 있다. 나에게 행복은 '안정'이 아닌 '만족'이었다. 미래에 어떻게 될지 몰라도 지금의 내가 만족할 수 있는 삶을 원했다.

카르페 디엠의 삶을 원하다

언젠가 인터뷰에서 '리남님은 파이어족인가요?'라는 질문을 받았다. 파이어족은 빠른 은퇴와 안정적인 노후를 위해 젊을 때 최대한 아끼고 열심히 일하자는 사람들을 의미하는데, 내가 디지털 노마드로서 다양한 파이프라인을 통해 수입을 얻고 있는 모습에서 그런 인상을 받은 것 같았다. 하지만 난 파이어족은 아니다. 나에게 행복은 안정이 아닌 현재의 만족이기 때문이다. 나 또한 부자를 꿈꾸지 않는 것은 아니지만, 거기에는 한 가지 절대 원칙이 있다. 바로 지금의 나를 희생하면서까지 부자가 되고 싶은 마음은 결코 없다는 점이다.

또 어떤 분은 나에게 욜로족이냐고 물은 적이 있는데, 그것도 아니다. 욜로(You Only Live Once)는 파이어족과 반대되는 개념으로 당장 이룰 수 없는 내 집 마련이나 노후를 준비하기보다는 단 한 번의 인생, 지금 할 수 있는 것을 즐기며 살자는 지향점을 갖고 있다. 나는 삶에 대한 이런 태도들이 굉장히 슬픈 현상이라 생각한다. 앞서 이야기했듯 우리 N포세대는 과거에 당연하게 생각했던 결혼, 출산, 내 집 마련 등을 실현하기 어려운 시대 분위기 속에서 살고 있다. 그래서 어차피 이루지 못할 거라면 지금을 즐기겠다는 사람들이 늘어난 것이다. 하지만 내가 말하는 '만족하는 삶'이란 현재의 나뿐만 아니라 미래의 나도 포함된다. 미래의 내가 후회하지 않기를 바라기에 오늘의 나는 내일의 나에게 제대로 바통을 전달해야 한다. 그래서 나는 '지금 이 순간에 충실하라'는 카르페 디엠(Carpe Diem)을 중요하게 여긴다.

확고한 인생의 방향은 동기부여가 된다

사실 어떠한 틀에 자신을 맞출 필요는 없다. 오히려 어떤 단어나 고정된 틀에 자신을 가두기보다는 자신에게 맞는 삶을 사는 것이 더 좋다고 생각한다. 하지만 인생은 선택의 연속이고, 이러한 선택은 나비효과를 불러오기에 후회하지 않는 삶을 위해선 자신만의 확고한 방향을 가질 필요가 있다.

실제로 나는 무언가를 선택할 때 세 가지 원칙을 지킨다. 하나는 내가 만족할 수 있는 삶, 즉 자유로운 삶이다. 내가 하고 싶을 때 할 수 있고, 온전히 내가 결정할 수 있는 상황을 원한다. 예를 들어 블로그, 유튜브, CLASS101 등을 선택한 게 그 이유다. 나는 일정한 시간에 정해진 업무를 해야 하는 쇼핑몰 등에 도전하지 않는다. 만약 좋은 조건을 제시하더라도 일정한 조직에 속해 일해야 한다면 나는 절대 하지 않는다.

또 하나는 후회하지 않기 위한 선택이다. 나는 나에게 사업 제안이 들어왔을 때 가능성이 있고, 첫 번째 원칙인 자유만 보장된다면 대부분 수락한다. 예를 들어 내가 강의하기 위해 CLASS101을 선택한 게 결과적으로는 나쁘지 않은 선택이었지만, 당시에는 그리 유명하지 않았을뿐더러 수익의 많은 부분을 분배해야 했기에 거의 한 달간 고민했다. 그러다가 조직에 소속되어 활동해본 경험이 없었고, 경험해보지 않으면 더 깊게 알 수 없다는 생각이 들어 결정하게 되었다. 나만의 방향을 스스로 결정한 것이다.

지금 이 책을 쓰게 된 이유도 같은 맥락이다. 처음으로 책을 집필하며 새삼 알게 되었지만, 책 쓰기는 생각보다 많은 시간이 투자되고, 기존에 하던 일들에 지대한 영향을 준다. 당장의 이익을 생각한다면 시간 대비 손해라고 볼 수 있다. 하지만 직접 해보지 않으면 이게 나에게 어떠한 영향을 줄지 알 수 없다. 사람은 보통 선택하지 않은 일에 대해 긍정적인 부분만 보며 후회하는 경향이 있다. 과거에 매수하지 못한 주식이 크게 올랐을 때 후회하는 것처럼 말이다. 그래서 책을 쓰는 것도 누구에게나 주어지는 기회는 아니기에 좋은 의도를 가지고 시작했다. 나중에 땅을 치고 후회할 바에는 무엇이라도 경험해보는 게 훨씬 이득이기 때문이다.

그런데 막상 이러한 생각으로 매수한 주식은 하락하는 경우가 많다. 그럼 또 그때 매수한 순간을 후회한다. 그래서 내가 정한 세 번째 원칙은 한번 선택하면 절대 후회하지 않는다는 것이다. 후회하지 않기 위해 했던 선택을 후회하는 일만큼 어리석은 게 있을까? 이 부분은 나의 긍정적인 태도가 한몫하는 것일 수도 있지만 무언가를 확고히 결정하고서 일을 추진하면 후회하는 일은 없었다. 오히려 실패를 통해 배우고 깨닫는 게 더 많아 감사할 때가 많았다.

이처럼 무언가 자신만의 방향을 정하면 선택이 어렵지 않게 된다. 신념이 있는 선택은 후회할 일을 줄이고 스스로 만족할 수 있는 삶을 살 수 있게 한다. 그러므로 자신이 원하는 삶이 무엇인지 깊게 생각해보고 납득할 수 있는 방향으로 결정하면 좋겠다. 자신이 행복해지는 것만큼 좋은 동기부여도 없다.

꼭 무언가를 포기할 필요는 없다

나는 앞서 취업을 하지 않은 이유를 설명했지만, 이것은 내가 겪은 하나의 사례일 뿐 퇴사를 권장하는 것은 결코 아니다. 새로운 분야를 도전하려고 지금 자기가 하고 있는 것을 내칠 필요는 없다는 말이다. 물론 내가 하는 일은 더 많은 시간과 노력을 들였을 때 성공 가능성이 높아지는 건 사실이다. 그리고 이러한 관점에서 말하자면 아직 기회가 많은 20대나 시간 여유가 있는 분들께는 조금 더 공격적인 투자를 하라고 이야기하고 싶다.

하지만 자신의 상황과 연령에 따라 할 수 있는 도전의 범위가 다른 것이 현실이며, 인생은 리셋할 수 없음을 꼭 기억해야 한다. 그래서 우리가 보험에 가입하는 것이 아니겠는가? 전업 여부를 결정하는 건 자신의 상황이 여유롭거나 어느 정도 성과가 생겼을 때 해도 늦지 않다. 당장 안정적인 소득이 필요하다면 취업 준비를 하거나 회사에 다니면서 부업으로 접근하는 것이 최선이 될 수 있다. 뒤에서 자세히 설명하겠지만 블로그는 부업으로 접근해 전업으로 전환이 가능한 일이며, 도전이 꼭 거창할 필요는 없다.

02
나는 자면서도
돈을 벌기로 결심했다

의심을 확신으로 전환하라

취업을 미루고 내가 하고 싶은 일을 찾고자 했지만, 그렇다고 해서 당장 뾰족한 수가 있지는 않았다. 취업 외의 선택지는 사업밖에 없다고 생각했고, 평생 취업만을 목표로 살아왔던 만큼 특별한 아이디어는커녕 그것을 이룰 자금도 없는 상황이었다. 어쩌면 그건 핑계일 뿐 안전만을 추구해왔던 성향인지라 사업을 시작할 용기가 없었다는 게 더 정확할 수도 있겠다. 처음의 호기와는 달리 무의미한 고민의 시간만 늘어나자 오히려 불안감만 증폭되었다. 지금 생각해보면 그때의 내 모습은 마치 계획만 잔뜩 세우다가 막상 방학이 되면 아무것도 하지 않은 채 시간만 흘려보냈던 학창 시절과 다를 게 없었다. 그러나 그런 고민과 걱정의 시간조차 내게는 사치임을 깨닫는 데는 그리 오래 걸리지 않았다. 이미 주사위는 던져졌기에 뭐든 시작하자고 마음먹었는데, 그때 내 눈에 딱 들어온 게 바로 인터넷이었다.

나는 학창 시절, 블로그를 통해 협찬을 받았던 적이 있었다. 그저 취미로 운영하던 블로그였음에도 방문자가 늘어나자 광고가 들어오기 시작했고, 비록 많은 돈은 아니었지만 차곡차곡 모아서 요긴하게 사용했다. 그때 처음으로 사람이 모이면 돈이 된다는 것을 알게 되었다. 이런 경험 덕분에 인터넷으로 돈을 벌 수 있다는 것이 내게는 당연하게 느껴졌다. 무엇보다 무자본으로 위험 부담 없이 바로 시작할 수 있다는 게 큰 매력으로 다가왔다. 그리고 당시는 페이스북과 블로그 마케팅의 전성기였던 시절로 나는 실제로 인터넷으로 돈을 버는 사람들이 있다면 무언가 방법이 있으리라고 판단했다. 그리고 누가 알려주지 않으면 내가 하나하나 알아가면 된다는 생각으로 무작정 인터넷으로 돈을 벌어보기로 했다.

하지만 내가 처음 이런 결심을 했을 때, 주변 반응이 문제였다. 가감 없이 표현하자면 '그딴 걸로 푼돈밖에 더 벌겠느냐', '남들 쉽게 다 하는 거로 어떻게 돈을 버느냐', '남들은 몰라서 안 하겠느냐'처럼 가슴에 비수를 꽂는 말을 많이 들었다. 나는 열심히 살지는 않았지만 탈 없이 커리큘럼을 잘 따르던 사람이었기에 이런 반응이 낯설고 두려웠다. 그리고 평소 같았으면 '그런가?'라며 원래의 길로 다시 돌아갔을 텐데, 뜻밖에도 내 입 밖으로 나온 말은 '남들은 몰라서 못 하는 게 맞아'라는 대답이었다.

실제로 그랬다. 2016년, 이미 인터넷이 대중화된 지 한참이 지난 시점이었다. 지금으로부터 불과 5년 전이다. 그런데 당시만 하더라도 대부분의 사람들이 '어쩌다 잘되면 돈이 되겠지'라고 막연하게만 생각했지 이것으로 돈을 벌기 위해 진지하게 고민한 경우는 드물었다. 나는 이것을 '공부를 하긴 해야지'라는 생각으로 시간만 보내던 학창 시절과 다르지 않다고 느꼈다. 학창 시절에 공부를 왜 해야 했는지 성인이 되어서야 진심으로 깨닫는 것처럼 말이다. 그저 한 번 찔러보는 것과 제대로 이해하고 본격적으로 시작하는 것은 엄연히 다르다. 그래서 나는 다시는 후회하지 않기 위해 본격적으로 도전했다.

이제 와서 돌이켜보면 확신이 있었기에 도전할 수 있었던 것 같다. 어릴 적부터 블로그 등 인터넷으로 다양하게 활동한 덕분에 이 분야에서 돈을 버는 사람들을 많이 봤고, 그래서인지 인터넷이 돈이 되는 구조를 자연스럽게 이해할 수 있었다. 이러한 구조를 알았기 때문에 인터넷은 돈이 된다는 확신을 가질 수 있었다. 간혹 인터넷으로 돈을 벌 수 있다는 것을 믿지 못하거나, 반신반의한 채 조금 해보고 포기하는 경우가 있다. 그렇지만 이렇게 인터넷으로 돈을 버는 구조를 확실히 이해한 상태에서 의심이 확신으로 바뀐다면 성공할 수 있는 원동력이 되리라 생각한다.

온라인은 모든 게 돈이다

최근에 유튜브와 같은 플랫폼이 큰 인기를 끌면서 인터넷으로 돈을 벌 수 있다는 것이 대중에게 잘 알려져 있다. 하지만 그건 유튜브 크리에이터에게만 해당하는 얘기다. 블로그나 다른 플랫폼으로 돈을 버는 사람들이 알려질 때면 그걸로 어떻게 돈을 버냐고 의심하는 경우가 많다. 하지만 관점을 조금만 바꿔서 현실적으로 생각해보면 인터넷은 모든 게 돈이 된다는 것을 쉽게 알 수 있다.

예를 들어, 현실에서는 사람들이 모이는 곳에 하나둘 가게가 생기기 시작해 이윽고 상권이 형성된다. 그리고 사람이 많이 모인 곳은 홍보 효과가 좋으므로 전광판이나 전단지 등의 광고가 자연스레 생기기 마련이다. 광고하는 장소가 어디인지는 중요하지 않다. 그게 설령 사막이라 할지라도 사람이 모이면 돈이 흐르는 시장이 활성화된다.

인터넷도 마찬가지다. 스마트폰이 대중화되면서 우리는 온종일 언제 어디서나 인터넷을 이용할 수 있게 되었고, 인터넷을 이용하는 사람들이 점차 늘어나자 다양한 볼거리를 제공하는 플랫폼과 쇼핑몰도 늘어났다. 그리고 이렇게 사람이 모인 곳에는 수많은 광고가 뒤따르기 시작했다. 정리하면, 인터넷은 사람이 모이기 때문에 광고를 할 수 있어서 돈이 되는 것이다. 또한 그 어떤 핫플레이스의 유동 인구도 따라오지 못하는 지상 최대의 시장이자 최고의 광고판이다. 왜냐하면 시간과 공간의 제약이 없기 때문이다.

아직도 내 말을 이해하기 어렵다면 또 하나의 예를 들어보겠다. 사실 인터넷에서는 모든 게 돈이 된다는 명제를 증명하려고 굳이 멀리서 사례를 찾을 필요도 없다. 우리나라 최대의 포털 사이트인 네이버만 봐도 바로 알 수 있기 때문이다. 정보를 검색하기 위해 많은 사람이 네이버에 접속하면 할수록 쇼핑몰이나 콘텐츠 등의 시장이 형성되는데, 볼 사람이 많은 만큼 헤아릴 수 없는 다양한 광고가 붙는다. 우리가 아무렇지 않게 접하는 이 모든 광고가 사실은 돈으로 이루어진 셈이다.

이러한 사실은 왜 네이버에서 무료로 블로그 서비스나 웹툰을 지원하고, 콘텐츠 사업을 운영하는지 생각해보면 쉽게 알 수 있다. 무료로 서비스를 제공해 사람을 모으는 것은 돈을 벌기 위한 기업의 전략으로 이는 트래픽 그 자체가 돈이 된다는 걸 의미한다.

트래픽(Traffic)이란?
- 영어로 교통, 인터넷 용어로는 서버의 데이터 전송량을 의미한다. 인터넷에 있는 사진, 이미지, 동영상 등의 데이터를 소비할 때 들어가는 데이터양을 트래픽이라 하는 것이다.

- 홈페이지, 블로그 등의 웹 사이트를 개설할 때 이 트래픽 용량을 구매하도록 되어 있다. 이 용량을 초과하면 홈페이지에 접속되지 않으며, 이것을 악용한 게 디도스(DDoS) 공격이다.

- 네이버 블로그, 티스토리, 인스타그램, 유튜브 등의 플랫폼은 이러한 트래픽을 모두 회사에서 관리한다. 사용자 입장에서 데이터 전송량을 신경 쓸 필요가 없기에 이 책에서 이야기하는 트래픽은 단순히

> 유동인구를 뜻한다. 즉, 내 블로그의 방문자 수(페이지뷰: 사용자가 인터넷 홈페이지를 열어본 횟수)를 이야기하는 것이다.

무엇보다 네이버 포털을 예로 들었지만, 사람이 모이는 커뮤니티, 카페, 블로그, 인스타그램, 유튜브도 이와 다르지 않다. 반드시 명심하자! 인터넷이 돈이 된다는 게 신기한 시대는 이미 지났다. 인터넷이 곧 우리이고 우리가 곧 인터넷이 된 지금, 인터넷은 당연히 돈이 된다.

당신도 같은 실수를 하고 있을지 모른다

우리는 매 순간 선택의 기로에 선다. 우리의 선택이 늘 옳아서 원하는 바를 얻는다면 좋겠지만, 어디 그게 쉬운 일인가? 실수에서 자유로울 수 없는 게 인간이다. 처음 인터넷으로 돈을 벌고자 했을 때 나도 다른 사람들과 다를 게 없었다. 인터넷으로 돈 버는 법을 검색했더니, 블로그에 유입자가 많아야 돈이 된다는 이야기를 듣고 무작정 트래픽만 늘리려고 했으니 말이다.

그렇다. 나는 완벽하게 실수하고 있었다. 명확한 목표와 자신만의 콘텐츠를 설정하지 않고 주먹구구식으로 블로그를 시작하는 것은 매우 잘못된 접근 방식이다. 실제로 블로그 강의를 하다 보면 특정 플랫폼에 얽매여 무작정 유튜브 구독자나 블로그 방문자 수를 늘리려고 시도한 사례가 많이 있다. 어떻게 돈을 벌 것인지 인터넷의 본질은 생각하지 않은 채 마구잡이로 접근하는 것이다. 단언컨대 이렇게 블로그를 운영하면 훗날 많은 구독자와 방문자를 채울 수 있을지는 몰라도 아마 이런 결론에 다다를 것이다. '해봤는데 역시 수익까지 얻기는 어렵더라', '인터넷은 돈을 벌지 못한다'라고 말이다.

한참 파워블로그 열풍이 불었던 시절이 있었다. 당시 파워블로그로 선정되면 포털사이트에서 프로필에 인증 마크를 붙여주고 게시물을 상위 노출해주었는데, 블로그 광고 효과가 너무 커서 억대 연봉을 달성한 사람들도 있었다. 지금의 유튜브와 마찬가지로 블로그가 돈이 된다는 소문이 돌기 시작하자 너도나도 블로그를 개설하기 시작했다. 하루 평균 수만 명대의 사람이 방문하는 대형 블로그로 성장시키는 사람들도 있었지만, 대부분은 그 트래픽을 어떻게 이용하고 관리해야 하는지도 모른 채 포기하는 경우가 많았다.

그리고 바로 그 후에 블로그는 돈이 되지 않는다는 인식이 사람들 사이에서 우후죽순으로 생겨나기 시작했다. 결론적으로 그들이 시도했던 일은 구독자만 모아둔 채 콘텐츠는 하나도 없는 속 빈 강정과 같았고, 쇼핑몰에 상품은 하나도 올려두지 않은 채 무작정 사람만 끌어다 모은 것과 다름없었다. 물건이 없는데 어떻게 팔리겠는가?

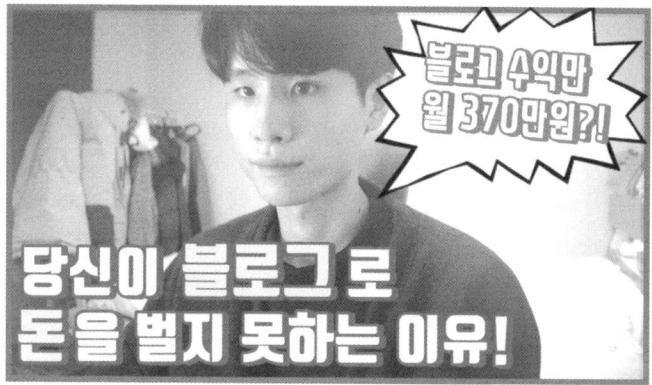

〈유튜브 첫 콘텐츠 섬네일〉

그래서 나는 대부분의 사람이 실수하고 있다는 사실 알리고자 '당신이 블로그로 돈을 벌지 못하는 이유'라는 제목의 콘텐츠로 유튜브를 시작했다. 내가 힘들게 알아낸 정보를 공유하고 싶은 이유는 간단했다. 누구나 경제적 자유를 얻을 희망이 있다는 걸 보여주고 싶었다. 그리고 자신이 꿈꾸는 세상에 더 가까워지길 바랐다. 이때 나는 처음으로 블로그 수익을 공개했는데, 사람들이 생각보다 더 놀라워해서 당황했다.

블로그 수익만으로 직장인 월급만큼 번다는 것을 놀라워하는 경우도 있었지만, 블로그 경험이 있는 사람들은 하루 평균 4000명대의 페이지뷰(방문자 수)로 어떻게 이만큼의 수익을 올릴 수 있냐며 놀라워했다. 수만 명대의 트래픽이 발생하는 블로그를 가진 사람도 블로그는 돈이 안 된다는 이야기를 하는 상황에서, 나는 어떻게 4000명의 방문자로 월 370만 원의 수익을 올릴 수 있었을까? 이 차이는 트래픽을 어떻게 활용해야 하는지 아느냐 모르느냐에 있다.

중요한 건 '무엇'이 아닌, '어떻게'이다

우리는 흔히 무언가에 쉽게 얽매인다. 가령 '유튜브로 돈 버는 법', '인스타그램으로 돈 버는 법', '블로그로 돈 버는 법'이 다르다고 생각한다. 플랫폼 자체에 얽매여 돈을 버는 방법이 아예 다르다고 생각하지만, 사실 어떤 플랫폼을 이용하든 인터넷으로 돈을 버는 방법은 생산, 판매, 광고로 정해져 있다.

블로그를 예로 들어 설명하자면, 원고료를 받아 글을 작성하는 용도로 운영한다면 생산, 내가 운영하는 매장이나 판매하는 상품을 홍보하는 용도로 사용하는 것은 판매, 다른 업체나 기업 상품을 홍보해주는 용도로 운영한다면 광고에 해당한다. 그리고 이것은 인스타그램과 유튜브에 대입해도 똑같다는 사실을 알 수 있다. 내가 만드는 콘텐츠가 텍스트 위주라면 블로그가, 동영상 위주라면 유튜브가, 사진 위주라면 인스타그램이 적합하다는 특성의 차이만 있을 뿐, 생산과 판매 그리고 광고 중에서 분명한 노선을 정하고 운영한다면 돈이 된다는 것은 공통으로 적용된다. 가끔 블로그로 돈 버는 게 아직도 가능하냐는 질문을 받고는 하는데, 블로그는 돈이 안 된 적이 없다. 중요한 건 플랫폼이 아닌 무엇을 어떻게 활용할 것인가에 대한 결정이며, 궁극적으로 내 의도에 맞게 트래픽을 모을 수만 있다면 뭘 선택하든 돈을 벌 수 있다.

실제로 나는 예전에 소위 댓글 아르바이트라고 불리는 일로 월급 이상의 수익을 달성한 적이 있다. 다만 일반적인 댓글 아르바이트와 차이가 있었는데, 일을 받는 게 아니라 내가 직접 광고를 찾아 일하는 방식이어서 내 성과만큼 이익을 얻을 수 있었다. 남들이 돈이 안 된다고 생각하는 댓글 아르바이트로 온갖 플랫폼을 이용하여 직장인 월급 이상의 수익을 달성한 것이다. 이렇듯 '무엇이 돈이 될까?'가 아니라, '어떻게 돈을 벌까?'라는 생각으로 각 플랫폼의 특성을 이해하고 나에게 가장 적합한 플랫폼을 선택할 수 있어야 한다. 나도 이전에는 이 점을 제대로 알지 못했고, 무의미하게 트래픽만 모으다가 포기한 경험이 있다. 혹시 당신도 나와 같은 경험이 있다면 그냥 막연하게 운영했던 것은 아닌지, 진지하게 고민해보았는지 반추하는 시간을 가져도 좋을 것 같다.

아무 도움 없이 스스로 시작하는 방법

확실한 목적의식 없이 블로그를 운영하면 안 된다는 것을 깨달은 뒤에 내가 선택한 건 광고의 길이었다. 상품이나 서비스가 만들어지면 그것을 판매하기 위해 홍보를 해야 하는데, 마케팅 능력은 한번 키워두면 다양한 분야에서 활용할 수 있기 때문이다. 무엇보다 훗날 내가 사업할 때 반드시 필요한 능력이라고 생각했다. 이렇게 내가 가고자 하는 길을 철저하게 계획해두니 왠지 모를 자신감이 생겼다.

그런데 문제가 하나 발생했다. 나는 업체에서 나에게 주는 의뢰만 받아봤지, 내가 찾고자 했을 때 어디서 어떻게 광고를 구해야 하는지 아는 게 전혀 없었다. 그렇다고 이 문제를 타개할 묘수가 있는 것은 아니었기에 하나하나 시행착오를 겪자고 마음먹었다. 지금은 다양한 제휴 마케팅 플랫폼이 있다는 것을 알고 있지만, 당시에는 이런 사소한 정보도 노하우로 여겨 다들 공개하지 않았다. 이렇게 맨땅에 헤딩해야 하는 상황에서 나는 어떻게 했을까? 돈만 들지 않는다면 뭐든 할 생각이었다. 여기까지 온 이상 잃을 것보다 얻을 게 더 많다고 확신했다. 할 수 있는 것은 멈추지 않는 것뿐이었으므로.

시작하기 전 주의사항

인터넷은 반드시 돈이 되지만 사람들을 악용하려는 세력을 조심해야 한다. 대표적으로 인터넷 다단계 등이 있는데, 다양한 사업구조를 들먹이며 화려하게 소개하지만 막상 들여다 보면 처음 일을 시작하기 위해서 많은 돈이 필요하고, 이 돈을 회수하려면 더 많은 사람을 데려와야 한다. 이렇게 내가 데려온 사람이 또 다른 사람을 데려오고, 또 그 사람이 다른 사람을 데려오며 상위에 있는 사람들만 계속해서 이득을 얻는 피라미드 구조인 것이다. 하지만 막상 설명을 듣다 보면 아무리 이성적이고 현실적인 사람이라도 혹하기 마련이다. 이런 상황을 구분하기란 쉽지 않기 때문에 분명한 기준을 갖고 있어야 하는데, 이때 내가 세운 기준은 딱 두 가지였다.

- 하나, 수익 구조에 의문이 없어야 한다.
- 둘, 무자본으로 할 수 있어야 한다.

쇼핑몰은 물건을 판매해서 이익을 얻는다. 구매 대행은 물건을 대신 구매해주고 일정액의 수수료를 받는다. 전자책은 내가 작성한 책이 판매되었을 때 이익을 얻는다. 광고는 내가 무언가를 홍보했을 때 사전 협의가 이뤄진 조건이나 성과에 따라 이익을 얻는다. 그런데 무작정 사람을 모아야 한다면 이건 도대체 무엇을 위한 회사일까? 물론 그 방법으로 수익을 창출하는 사람들도 있다. 다만 지금은 다단계가 더욱 교묘해지면서 구분하기 어려워졌다. 스스로 다단계라는 것을 인지하고 시작했다면 문제되지 않겠지만, 내가 하는 일이 뭔지도 모르고 시작해 손해를 봤다면 수익 구조를 생각해보지 않은 것을 반성해야 한다.

다음으로 광고하기 위해 돈을 지불해야 하는 경우가 있는데, 무언가를 배울 수 있는 강의라면 이해하겠지만, 내가 무언가를 홍보해주는데 홍보를 위해 돈이 필요하다는 것은 납득하기 어려웠다. 앞서 이야기했듯이 광고를 모아둔 사이트는 많이 있다. 대부분의 광고는 성과제라 광고해주는 사람이 많으면 무조건 이득을 보게 되는 만큼, 돈을 지불하라는 광고주는 거의 없다고 보면 된다. 그러므로 자신만의 확실한 기준을 정하고 납득이 되었을 때, 손해 볼 게 없다면 시작해야 한다.

정보는 돈이다, 얻을 수 없다면 알아내자

내가 본격적으로 인터넷을 통해 돈을 벌려고 했을 때 가장 먼저 한 일은 게릴라 마케팅이었다. 업체로부터 링크를 받아 특정 상품이나 서비스를 홍보하는 일은 큰돈이 되는 것은 아니었지만, 직접 하다 보면 광고가 어떻게 유통되는지 이해할 수 있을 것이라는 생각이 들었다. 그리고 무엇보다 돈이 들지 않으니 손해 볼 건 없었다. 그렇게 나는 게릴라 마케팅을 시작하면서 블로그 이외에도 다양한 플랫폼을 이용하게 되었다. 얼마 있다가 내가 홍보하고 있는 업체에 직접 연락하는 방식으로 어떻게 광고를 얻을 수 있는지 알게 되었는데, 광고 유통 과정이 생각보다 너무 단순해서 놀랐다.

> **게릴라 마케팅(Guerilla Marketing)이란?**
>
> 게릴라 전술을 마케팅 전략에 응용한 것이다. 게릴라(정규군에 소속된다는 걸 드러내지 않고 적을 공격하는 소규모 부대)처럼 장소와 시간에 상관없이 잠재 고객이 많이 모인 곳에 갑자기 상품을 선전해 판매를 촉진하는 마케팅 활동이다.

나는 광고의 유통에 대해 A라는 광고주가 있으면 B라는 광고대행사로 광고가 전달되고, C라는 마케터에게 배정된다고 생각했다. 그래서 중간 마진을 없애고 내가 직접 광고를 받겠다는 생각을 하고 있었는데, 알고 보니 광고주에게 직접 광고를 받을 수 있는 자체적인 파트너 시스템이 존재했다. (대표적으로 쿠팡 파트너스가 있다.) 광고주가 광고할 사람을 모으는 머천트 사이트가 있었던 것이다. 그리고 이곳에 올라온 광고 단가를 보면서 나는 그동안 내가 원래 받아야 하는 금액의 10%밖에 받지 못하고 있었다는 사실도 깨닫게 되었다. 이때부터 중간에서 돈을 받아 가던 사람이 사라져 같은 일을 하고도 10배가 넘는 이익을 얻을 수 있었다.

나는 이 경험을 통해 온라인 마케팅에서 아주 중요한 두 가지를 얻게 되었는데, 첫 번째는 정보에 대한 새로운 인식이었다. 광고를 어디서 받는지 알았다는 것만으로 누군가는 아무것도 하지 않고 90%의 돈을 가져갈 수 있었다. 이 말은 곧 아주 사소한 정보도 어떻게 이용하느냐에 따라 돈이 된다는 것이다. 즉, 인터넷 세상에서 정보는 곧 돈이다. 그리고 아는 사람이 적어야 이득을 보는 이러한 정보는 남에게서 얻어내기가 무척 어렵다.

두 번째는 시행착오에 대한 생각이다. 결과적으로 이 경험을 통해 어떻게 광고를 얻는지 알 수 있었지만 내가 미리 알지 못했기에 손해를 본 것은 분명했다. 하지만 시행착오를 통해 결국 원하는 것을 얻게 된 것처럼, 이런 시행착오를 겪어나가다 보면 점차 나만의 무기가 생길 것이란 확신이 들었다. 어떻게 보면 당연할 수 있지만, 안전한 길만 걷고 싶어 하는 게 사람 마음이다. 욕심을 버리고 당연한 것을 당연하게 할 수 있게 된 게 큰 수확이었다고 생각한다. 나는 지금도 새로운 것에 도전할 때면 이때 배웠던 마음가짐으로 임하고 있다. 모르면 알아내면 된다. 알게 될 때까지!

무자본으로
파이프라인을 구축하라

월급은 노후를 보장하지 않는다

온라인 마케팅을 알게 된 후, 활용할 수 있는 모든 플랫폼을 통해 비교적 쉽게 돈을 버는 방법을 알게 되었지만 마음이 편치 않았다. 왜 그랬을까? 원인은 내가 아는 정보를 누구나 쉽게 접할 수 있다는 것이었다. 이런 상황은 나에게 두 가지 두려움을 안겨주었다. 첫째는 계속해서 경쟁 상대가 늘어난다는 것이었고, 둘째는 한정된 파이에 몰린 수많은 경쟁자들 탓에 지금까지 쌓아온 모든 정보를 잃을 수 있다는 것이었다. 그래서 나는 분명 쉽게 돈을 벌고 있었지만, 훨씬 더 안정된 시스템이 필요하다는 걸 인식하게 되었다.

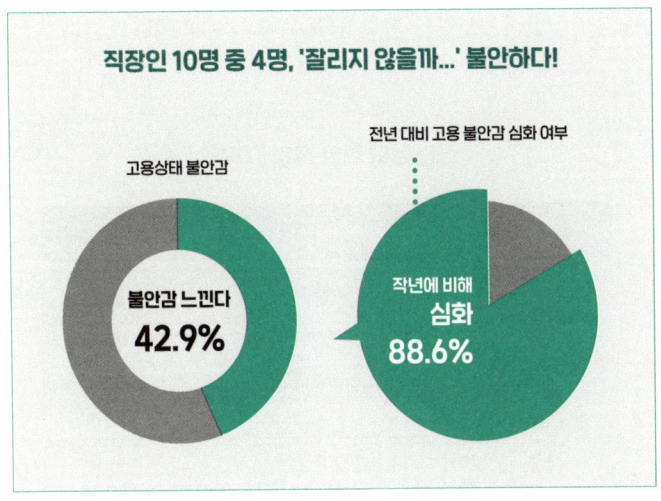

[자료제공: 사람인] 직장인 1106명 설문조사

프리랜서나 사업자에게 가장 두려운 게 있다면 단연 불확실성이라고 생각한다. 지금 당장은 수익이 괜찮을지 몰라도 이게 언제까지 지속될지 모른다는 불안감이 있기 때문이다. 그런데 이 불안감은 비단 프리랜서에게만 해당하는 게 아니었다. 리크루팅 플랫폼인 사람인에서 조사한 설문에 따르면, 직장인의 42.9%가 고용 상태에 불안을 느끼고 있었다. 그뿐만 아니라 전년에 비해 고용불안이 더 깊어졌다는 비율은 무려 88.6%나 차지했다. 나는 이 설문을 상당히 의미 있다고 생각했는데, 고용의 형태와 상관없이 누구나 생계를 유지하는 일에 불안감을 갖고 있는 현실을 보여주기 때문이다.

성인 남녀 희망 직업 TOP10

	직업	비율
①	공무원, 공공기관 종사자	26.7%
②	식당, 카페, 온라인 마켓 등 사업	16.2%
③	사무직 회사원	15%
④	음악가, 미술가 등 순수 예술가	11.4%
⑤	변호사, 의사 등 전문직	11.4%
⑥	엔지니어, 설계자 등 기술자	9.9%
⑦	유튜버, BJ 등 1인 방송인	9.0%
⑧	연예인	7.4%
⑨	웹툰작가 등 크리에이터	6.4%
⑩	건축가, 인테리어 디자이너 등	6.3%

[자료제공: 사람인] 성인 남녀 1143명 설문조사

그리고 이러한 심리를 반영하듯 성인 남녀의 희망 직업 순위 1위는 비교적 안전한 노후가 보장되는 공무원이 차지하고 있었다. 하지만 그렇다고 해서 모두가 공무원이 될 수는 없을 터, 막연히 불안감을 갖고 살기보다는 그것을 극복하기 위한 방향 설정과 행동이 필요하지 않을까? 나는 서두에서도 이야기했듯이 인터넷 마케팅으로 쉽게 돈을 벌기 시작했지만, 더 안정된 삶을 원했다. 내가 잠자고 있는 순간에도 통장에 잔고가 늘어나기를 바랐다. 그리고 결국 그 방법을 찾기로 마음먹었다.

죽는 순간까지 물을 길을 수는 없다

인터넷으로 안정된 수익을 얻기 위해 사방팔방으로 공부하고 알아보았지만 말처럼 쉬운 일은 아니었다. 내가 원하는 정보는 일급 기밀처럼 아는 사람들만 알 수 있는 소수의 전유물이었고, 운 좋게 얻은 정보도 곧 모두가 알게 되어 순식간에 무의미해졌다. 처음과는 다르게 시간이 지날수록 자꾸만 마음에서 솟아나는 온라인 마케팅에 대한 회의감을 지울 수가 없었다. 그런데 하늘이 무너져도 솟아날 구멍은 있다고 했던가. 정말 이대로 끝인가라는 생각으로 며칠간 머릿속이 복잡해졌을 즈음, 유명한 파이프라인 우화를 접했다.

파이프라인 우화의 내용은 대략 이렇다. A와 B는 강에서 마을로 물을 길어 오는 일을 하고 있었다. 그러던 중 A는 양동이를 내팽개치고, 직접 물을 길어 오지 않아도 강에서 마을까지 물을 공급할 수 있는 파이프라인을 구축하고자 마음먹는다. 그러나 B는 그럴 궁리를 할 시간에 조금이라도 더 물을 길어 오는 방향을 선택한다. 처음에는 꾸준히 물을 길어 오던 B가 더 많은 돈을 벌었지만, 나이를 먹으면서 힘이 약해져 더 이상 일을 할 수 없게 되었다. 때마침 A의 파이프라인이 완성되었고, 직접 일을 하지 않고도 훨씬 많은 돈을 벌 수 있는 이른바 불로소득을 얻게 되었다.

처음 이 이야기를 들었을 때, 머리로는 대충 이해됐지만 크게 와닿지는 않았다. 나는 당장 소득이 있어야 했기 때문에 A처럼 파이프라인 건설에만 집중할 수 있는 시간도 없을뿐더러 무엇을 해서 파이프라인을 늘려야 할지 떠오르는 게 없었다. 그래서 B처럼 나도 지금 당장 통장에 들어오는 소득을 위해 인터넷에 누군가 던져놓은 파이를 한 조각이라도 더 먹으려고 많은 시간을 할애했다.

하지만 얼마 지나지 않아 나는 파이프라인의 필요성을 절실히 느꼈다. 당시 내가 했던 일은 하는 만큼 벌 수 있는 일이었는데, 몸이 아파 2주간 입원을 하자 수익이 바닥을 쳤던 것이다. 그 때문에 입원 내내 일에 대한 생각을 떨칠 수 없었다. 지금은 다 지난 일이라 그때를 웃으며 회상하지만, 당시에는 언젠가 일을 못 하게 될 수도 있다고 생각하니 정말 아찔했다. 병원에 있던 내 모습은 늙고 약해져 더 이상 돈을 벌 수 없게 된 B와 다를 게 없었으니 말이다. 이 일을 계기로 나는 눈앞의 수익이 아닌, 내가 일하지 않아도 삶이 유지되는 수익원을 만들어야겠다는 생각에 사로잡혔다. 단돈 30만 원이라도 꾸준한 파이프라인을 만들자는 생각으로 내가 인터넷으로 할 수 있는 일을 다시 한번 찾기 시작했다.

꼭 한 번에 100이 될 필요는 없다

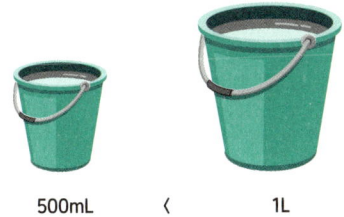

500mL < 1L

단도직입적으로 말해서 한 달에 고정적으로 받는 직장인의 월급은 한계가 있다. 예를 들어 파이프라인 우화처럼 어떤 사람이 물을 길어 와 돈을 번다고 가정해보자. 이때 물의 양은 전체 소득이고 물통은 곧 그 사람이 최대로 벌 수 있는 한계치다. 이는 500mL 물통으로 아무리 열심히 물을 길어도 1L 물통을 가진 사람을 따라잡을 수 없는 것과 같다. 하지만 그렇다고 해서 모든 사람이 꼭 1L 물통을 가져야만 하는 걸까? 그렇지 않다. 물의 양에만 초점을 맞춘다면 500mL 물통을 꼭 한 개만 가지고 갈 필요는 없다.

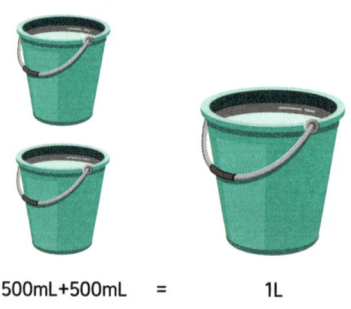

500mL+500mL　＝　1L

　500mL+500mL는 1L이고, 500mL+250mL+250mL도 1L이다. 한 개의 물통을 더 들고 갔는데도 내가 원하는 목표를 달성할 수 없다면, 내가 처한 상황에 따라 그만큼 더 많은 물통

을 가지고 가면 된다. 나는 이런 태도가 매달 고정급을 받는 직장인이 더 큰 수익을 얻게 되는 마인드셋의 기본이라고 생각한다.

더 나아가 강에서 마을까지의 거리는 시간이라고 말할 수 있다. 이 거리를 좁히기 위해서는 어떻게 해야 할까? 답은 간단하다. 내 목적지, 즉 원하는 수준의 소득 목표까지 조금 더 빠르게 닿을 수 있는 파이프라인을 건설하는 것이다. 그것도 아주 견고하게 말이다. 꼭 마을까지 연결하지 못하더라도 내가 평소 8시간 걸려 다니던 길이 4시간으로 줄어든다면? 아니, 단 1시간이라도 줄어든다면 적어도 지금보다는 이득이 아니겠는가?

그런데 누가 이걸 몰라서 안 하겠는가! 현실적으로 직장인에게 파이프라인을 건설할 수 있는 여유 시간은 많지 않다. 그렇다고 해서 직장을 그만두고 막연한 미래만을 좇을 수는 없는 노릇이다. 나 또한 그랬다. 지금 당장의 소득은 필요하고, 남는 시간은 한정적인데 과연 무엇을 할 수 있겠냐는 끝없는 고민의 연속이었다. 그리고 많은 이들이 그렇듯 현실도피적인 막연한 사업 구상을 하던 어느 날, 내 기억 어딘가에서 희미하게 남아 있던 블로그가 떠올랐다. 시간에 구애받지 않으면서 내가 하고 싶을 때 언제 어디서나 할 수 있는 것, 그게 바로 블로그였다.

초심자를 위한 리남의 보충수업
〈부업을 하는 이유 : 파이프라인〉

무자본, 최소 시간, 공간 제약이 없는
가장 현실적인 부업

현실적인 부업의 조건

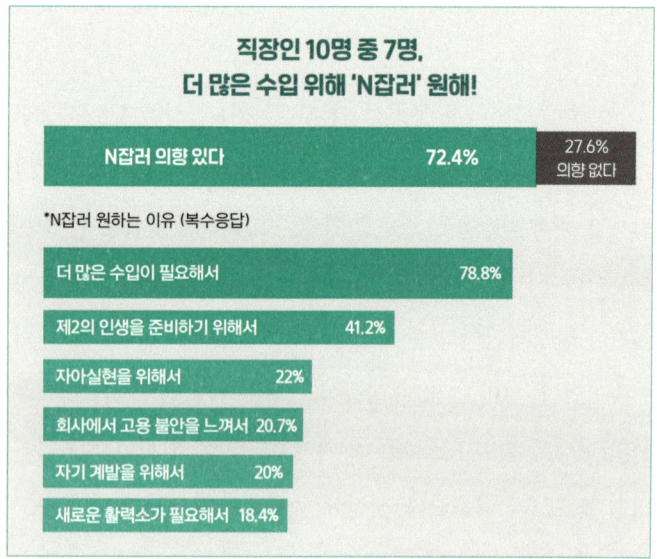
[자료제공: 사람인] 직장인 1295명 설문조사

직장인 10명 중 7명은 N잡의 필요성을 원한다는 조사 결과가 있다. 하지만 아이러니하게도 이를 실천으로 옮기는 사람은 그리 많지 않은데, 나는 이러한 현상의 원인으로 두 가지를 꼽는다. 하나는 실패에 대한 두려움이다. 자신에게 특별한 능력이 있는 것도, 확실한 비전이 있는 것도 아닌데 괜히 시작했다가 초기 자본을 잃을 게 두려워 주저하는 것이다. 다음으로는 접근성이다. 내가 3개월 치 헬스장 이용권을 호기롭게 끊어놓고 시간 부족과 거리를 핑계로 작심삼일도 못 가는 것을 봤을 때, 접근성은 참 중요한 요소라고 생각한다.

인정하자. 우리의 의욕은 생각처럼 오래 지속되지 않는다. 우리는 기계가 아닌 사람이기에 결단과 행동에 심리적 요인이 많이 작용할 수밖에 없다. 오늘의 '해볼까?'라는 생각은 내일의 '~해서'라는 핑계로 변할 수 있기 때문에 이러한 핑계를 최소화하려면 변명의 여지를 줄여야 한다. 따라서 무자본으로 할 수 있으면서 접근성이 좋은 것! 이게 내가 생각하는 현실적인 부업의 조건이다.

리스크 0%, 절대 손해 보지 않는다

내가 블로그를 가장 현실적인 부업이라고 말하는 이유의

첫 번째는 리스크가 전혀 없다는 점이다. 이미 만들어져 있는 플랫폼을 이용하는 만큼 초기 비용은 물론이고, 홈페이지 제작 등 전문적인 능력을 필요로 하지 않는다. 무엇보다 사업자 등록이 필요 없다. 직장에 다니고 있거나 가볍게 할 수 있는 부업을 찾는 사람들이라면, 자신을 사업자로 등록하는 자체가 부담될 수 있는데, 수익형 블로그는 이러한 것들이 전혀 필요하지 않기에 가벼운 마음으로 시작할 수 있다.

간혹 새로운 일을 시작할 때 기존의 것을 버리고 환골탈태의 각오로 임하는 사람들이 있다. 하지만 나는 불확실한 것에 목숨을 걸지 못하는 지극히 평범한 사람인지라 퇴사가 능사라고 생각하지 않는다. 내가 가진 게 있으면 그것을 지키되, 지금보다 더 나은 삶을 위해 리스크가 적은 것들을 끌어모으는 것, 이게 내가 생각하는 부업의 방향인 만큼 제로 리스크는 블로그의 정말 큰 메리트라고 생각한다.

세상 어디에도 없는 접근성

최근에는 유튜브나 인터넷을 통해 다양한 부업 관련 정보를 얻을 수 있다. 하지만 그중에서 실제로 평범한 직장인이 할 수 있는 일은 그다지 많지 않다. 직장인은 출퇴근이 자유롭지 않기 때문에 부업 활동에 한계가 있을 수밖에 없다. 사용할 수 있는 시간이 매우 한정적이기 때문이다. 수많은 책과 강연 등에서 수면 시간을 줄이면 된다고 다그치지만 이게 말처럼 쉽지 않다는 사실을 우리는 잘 알고 있다.

하지만 블로그의 가장 큰 장점이 무엇인가? 바로 접근성이다. 블로그는 인터넷을 기반으로 서비스되기 때문에 컴퓨터, 노트북, 태블릿, 휴대폰 등 어떠한 기기로도 바로 이용할 수 있다. 공간적인 제약이 전혀 없다. 달리는 버스나 전철 안에서, 여행지에서, 출장을 가서 등 언제 어디서든 마음만 먹으면 할 수 있는 것이다. 그리고 블로그는 시간 제약이 없다. 마감 기한이 정해져 있는 게 아니기 때문에 언제까지 물건을 보내거나 상담을 해야 하는 일처럼 시간에 쫓길 필요가 없다. 고로 몇 시간이고 한 자리에 앉아서 한 번에 끝낼 필요도 없다. 출퇴근 시간을 이용해서 뭘 작성할지 생각한다거나 점심시간을 이용해서 자료를 수집하고, 생각나는 것들을 핸드폰에 메모해 놨다가 퇴근해서 잠깐 작성하면 그걸로 끝이다.

나는 누군가와 시간 약속을 잡거나 기한이 생기게 되면 큰 짐을 떠안은 것 같아 조바심이 생긴다. 이러한 스트레스에 시달리는 게 싫어서 무언가를 쉽게 시작하지 못했는데, 블로그는 내가 하고 싶을 때 그리고 그날그날 컨디션에 따라 자유롭게 할 수 있어서 부담 없이 시작할 수 있었다. 무엇보다 낯설지 않고 익숙하다는 게 큰 장점이다. 새로운 일을 시작할 때 가장 힘든 것은 기본적인 감을 잡기 위한 적응 과정이다. 평소에 자신이 해왔던 일이 아니라면 그만큼 그 일을 파악하기 위해서 많은 시간이 필요할 수밖에 없다. 하지만 블로그는 우리에게 아주 친숙해서 비교적 쉽게 감을 잡을 수 있다. 지금껏 수많은 블로그를 보며 운영 방식이나 레이아웃 등을 간접적으로 학습했기 때문이다.

블로그는 직접 사람을 상대하지 않아서 혼자 조용히 일하는 시간을 좋아한다면 단순한 취미로도 접근할 수 있다. 실제로 나에게 블로그는 일이자 취미다. 언제 어디서나 노트북을 들고 다니며 잠깐 남는 시간을 이용해 취미처럼 일하고 있다. 그 덕분에 즐거운 마음으로 블로그를 하면서도 유튜브, CLASS101 온라인 강의, 오프라인 컨설팅, 제휴마케팅, 출판 작업 등 여러 가지 일을 동시에 진행하며 파이프라인을 확장할 수 있게 되었다. 그런 의미에서 블로그야말로 자본 준비가 어렵고 항상 시간에 쫓기는 직장인에게 가장 현실적인 부업이라고 강조하고 싶다.

초심자를 위한 리남의 보충수업
〈취미로 돈을 버는 가장 현실적인 방법〉

파이프라인 구축을 위해 필요한 것

　나는 디지털 노마드가 될 생각은 추호도 없었다. 지금은 내가 자유로운 삶을 추구하기 때문에 몽상가라고 생각할 수도 있겠으나, 나는 정말 냉정할 정도로 현실적인 사람이다. 취업을 포기하고 인터넷으로 돈을 벌겠다고 결심했을 당시는 디지털 노마드의 개념 자체를 몰랐지만, 아마 알았다고 하더라도 굉장히 비현실적이라고 생각을 했을 것이다. 하지만 아이러니하게도 나는 너무 현실적이어서 결과적으로 디지털 노마드로 살아가게 되었다.

성과를 만드는 현실적인 생각
1. 시작하지 않으면 아무것도 변하지 않는다.
2. 처음부터 잘할 수는 없다.
3. 누가 처음부터 끝까지 알려주지 않는다.
4. 모르면 공부하고 경험하면 된다.
5. 성공한 사람도 이러한 과정을 거쳤다.

누구나 이상을 바라지만 사람은 보통 현실적으로 사는 듯하다. 자신이 할 수 있는 능력의 범위 내에서 이룰 수 있는 목표를 향해 가기 때문이다. 하지만 정작 어려움이 닥치면 결정적인 순간에 이상으로 도피하는 경우가 있는데, 나는 어떤 분야를 개척해 성과를 만들기 위해서는 어려움을 현실적으로 받아들이는 자세가 가장 중요하다고 생각한다.

도전을 망설이는 사람들이 가장 많이 하는 고민은 아마 '한 번도 해본 적이 없는데', '할 줄 모르는데'라는 생각일 것이다. 나는 이게 고민할 필요도 없는 부분이라고 생각하는데, 어려움이란 도전에서 당연한 과정이기 때문이다. 누구에게나 처음은 존재한다. 처음에는 잘 모르는 게 당연하고 이걸 해결하는 유일한 방법은 배우는 것뿐이다.

그러나 내가 이렇게 이야기하면, 그럼에도 '누가 알려줬으면 좋겠다', '뭘 해야 하는지 모른다' 등의 생각이 생길 텐데, 이것도 마찬가지로 현실적으로 판단해야 한다. 경쟁, 특히 돈과 관련된 분야에서 처음부터 끝까지 전부 떠먹여 주는 경우는 극히 드물다. 하지만 다행히도 이미 알려진 분야는 여러 루트를 통해 어느 정도 필요한 것을 배울 수 있고, 충분히 배운 다음부터는 스스로 경험하며 시행착오를 겪으면 된다. 이게 내가 가진 현실적인 생각이다. 만약에 이 말을 뻔한 이야기라고 여긴다면, 그 뻔한 내용을 당연하게 실천하지 못하는 자신을 돌아봐야 한다. 당연한 것을 당연하게 실천하지 못한다는 건 해결의 실마리가 타인이 아니라 자신에게 있다는 뜻이다.

어렸을 때 양치를 하지 않아 혼난 경험이 한 번씩은 있을 것이다. 양치의 필요성 모르는 건 아니었으나, 번거롭고 귀찮은 마음이 앞서 그 중요성을 깨닫지 못했던 것이다. 그러나 성인이 되어 치아 건강이 중요하다는 걸 깨닫게 되면, 누가 시키지 않아도 하루 세 번, 아주 경건한 마음으로 양치한다. 즉, 아무리 뻔한 이야기라도 머리로만 이해하는 것과 진심으로 필요성을 깨닫고 실천하는 데에는 엄연한 차이가 있다.

시작하지 않으면 아무것도 바뀌지 않는다. 처음에는 모르는 게 당연하다. 무엇보다 막막하고 두려울 수도 있다. 하지만 모르면 경험하면 된다. 이걸 당연하게 여기지 않으면 할 수 있는 건 아무것도 없다. 자는 동안에도 돈을 벌 수 있는 파이프라인을 만들고자 한다면, 모르는 것을 당연하게 받아들이고 시작의 어려움을 극복하겠다는 의지가 필요하다.

시간은 마일리지다

간혹 실패나 시행착오를 시간 낭비라고 이야기하는 사람들이 있다. 그리고 이때 흔히 쓰이는 말이 '시간은 돈이다'라는 말인데, 나는 파이프라인을 구축할 때 가장 먼저 버려야 하는 격언이 바로 이것이라고 생각한다.

시간은 분명히 돈과 관련이 있다. 그러나 사용하지 않으면 사라진다. 만약 자신이 무언가를 이미 하고 있거나 앞으로 할 것이 있는 상황이라면, 시행착오를 겪기보다는 일에 집중하는 편이 더 좋을 수 있다. 하지만 아무것도 하지 않으면서 '시간은 돈이다'라는 말을 하는 것은 자기합리화에 불과하다. 어차피 그냥 흘려보낼 시간이라면 어떻게든 사용하는 편이 낫다는 말이다. 그런 의미에서 나는 시간은 돈이 아닌 마일리지라고 생각한다. 사용하지 않으면 사라지는 마일리지 말이다.

시작이 완벽할 필요는 없다

앞서 말한 내용들을 예전의 나는 머리로만 알고 당연하게 받아들이지 못했다. 예전의 나라면 유튜브가 돈이 된다는 것을 알게 되더라도 편집을 못 한다는 이유로, 동영상 콘텐츠를 제작해본 적이 없다는 이유로 시작하지 않았을 것이다. 하지만 지금의 나는 무언가의 필요성을 느끼는 순간, 시작 여부에 대해서는 크게 고민하지 않는다. 일단 시작을 전제로 구체적인 준비를 하는데, 아무것도 모르는 상태에서의 고민은 사실 의미가 없기 때문이다. 최종 결정은 정보가 어느 정도 쌓이면 나중에 다시 하면 된다. 일단 시작한 상태에서 부족한 부분을 채워나가는 게 더 낫다.

실제로 내가 유튜브에 처음으로 올린 동영상은 새벽 내내 제작해 연습 한 번 없이 올린 첫 영상이었다. 완벽을 고집하면 준비 과정이 늘어난다. 준비 과정이 길어지면 포기할 이유가 많아진다. 만약 내가 바로 시작하지 않고 완벽을 추구했다면, 유튜브는 아직도 개설하지 못하고 있을 가능성이 크다. 어쩌면 준비 단계(완벽한 영상을 위해 학원을 알아보는 등)에서 포기했을지도 모른다. 그러므로 시작도 못 하고 포기할 바에는 일단 시작하면서 시행착오를 겪어라. 빠르게 변화하는 인터넷 시장에서 더 유리한 고지를 차지할 수 있다.

나는 누군가의 성공 사례를 벤치마킹하는 걸 좋아한다. 내가 경험하지 못한 분야를 간접적으로나마 경험할 수 있기 때문이며, 그들이 진심으로 전달하려는 메시지가 있으리라고 생각하기 때문이다. 무엇보다 성공한 사람들의 이야기에 담긴 공통점이 있다면, 일단 시작하라는 것이었다. 이게 바로 성공을 위해 꼭 필요한 요소라는 확신이 들었다. 내 경험에도 이것만큼 현실적이고 핵심적인 조언도 없다고 생각한다. 도전에 있어 실패는 당연하다. 첫 도전에서 한 번에 성공을 바라는 건 욕심이고 현실적이지 않다. 실패하면 그 경험을 밑거름 삼아 다시 도전하면 된다. 나는 이러한 생각으로 자면서도 돈을 벌 수 있는 파이프라인을 만들기 위해 계속해서 도전하고 있다. 그러니 일단 시작하라.

리남의 도전 방식

1. 필요성을 느끼면 일단 시작한 상태에서 배운다.
2. 첫 도전은 실패하는 게 당연하다.
3. 궁금한 것들을 시도하며 경험(정보)을 쌓는 걸 중시한다.
4. 실패하면 그 경험을 바탕으로 더 나은 도전을 한다.
5. 성공할 경우 방법을 반복하고 성과를 늘린다.

거창하지 않아야
시작할 수 있다

블루오션을 찾지 않기로 했다

만약 누군가 여러분에게 인터넷으로 돈을 벌 수 있는 방법을 물어본다면, 가장 먼저 떠올리는 플랫폼은 무엇일까? 아마 블로그, 유튜브, 쇼핑몰 등처럼 일상에서 쉽게 접했던 분야들이 대부분일 것이다. 앞서 말한 플랫폼들의 특징은 이미 많은 사람이 하고 있다는 것이다. 그리고 지금도 계속해서 새로운 사람들이 경제적 자유를 위한 파이프라인을 구축하려고 유입되고 있다. 이러한 현상을 경제학에서는 이미 많이 알려져 경쟁이 심화된 시상, 즉 레드오션이라고 말한다. 반면에 존재하지 않거나 알려져 있지 않아 경쟁 없이 많은 이익을 얻을 수 있는 분야를 블루오션이라고 한다.

사람이라면 누구나 경쟁 없이 성공할 수 있는 블루오션을 찾기 위해 노력하며, 레드오션이라 불리는 과열 시장을 기피할 것이다. 어쩌면 이것은 경쟁에서 지는 것을 두려워하는 방어기제일지도 모른다. 지금 와서 생각해보면 나 역시도 실패나 좌절을 겪기 싫다는 이유로 수많은 것들을 포기했었다. 어떤 걸 찾아도 이미 포화상태로 보였고 그 경쟁에서 이길 자신이 없던 탓이었다.

하지만 시작하기도 전에 경쟁을 포기하고, 레드오션을 모두 배제한다면 남는 것은 과연 무엇일까? 블루오션은 쉽게 발견할 수 없기 때문에 특별한 것이며, 나처럼 평범한 사람은 평생이란 시간을 걸어도 발견할 수 없을지도 모른다. 아까 여러분이 떠올렸던 인터넷으로 돈을 버는 흔한 방법들은 이미 레드오션이다. 하지만 나는 블루오션을 찾기 위해 망망대해를 떠다니기보다 눈앞에 있는 레드오션에서 나만의 전략을 세우라고 분명히 말하고 싶다. 블루오션을 찾아 아무것도 하지 못할 바에는 내가 할 수 있는 걸 하는 게 낫다.

레드오션은 레드오션이 아닐지도 모른다

단순히 이분법적으로 생각했을 때, 경쟁이 없는 블루오션은 좋고 경쟁이 심한 레드오션은 나쁘게 보인다. 하지만 과연 그럴까? 내 생각은 조금 다르다. 블루오션이 특별이라면 특별의 반대말은 무엇인가? 바로 평범이다. 평범은 결코 나쁜 것이 아닌 보편이라는 의미이며 경쟁은 당연하다고 볼 수 있다. 또한 우리가 살아가는 세상은 흑과 백처럼 양분되지 않았다. 우리가 블루오션의 반대를 레드오션이라는 말로 부르고는 있지만, 사실 레드오션이 아닐지도 모른다는 것이다. 그렇다면 우리는 레드오션의 여부를 판단하기 위해 어떤 점을 생각해봐야 할까?

이해를 돕기 위해 한 가지를 예를 들겠다. 어선이 많더라도 바다에 그 이상의 물고기가 있다면 모두가 물고기를 잡을 수 있다. 반대로 단 한 척의 어선만 있더라도 물고기가 없다면 물고기를 잡을 수 없다. 이처럼 어선의 숫자가 중요한 것은 아니다. 실제로 인터넷은 세계 최대의 시장이며, 콘텐츠 분야의 수요는 마르지 않는 샘과 같다. 식당이라면 앞 가게에 간 손님이 우리 가게로 올 확률은 낮겠지만, 콘텐츠는 배부르지 않아 여러 곳에서 무한정 소비할 수 있다. 무한한 바다에서 절대로 수가 줄지 않는 물고기를 낚는 일과 같은 것이다. 그리고 보이는 것과는 달리 실제로 고기를 낚는 어선은 그리 많지 않을지도 모른다.

2020년을 기준으로 블로그 차트(블로그 빅데이터 분석 사이트)에 등록된 블로그의 수는 무려 1696만 6270개다. 하지만 과연 모두 정상적으로 운영되고 있을까? 인터넷으로 돈을 벌기 시작하면서 블로그를 건물에 비유하는 경우가 많았는데, 블로그는 원래 단기간에 많은 돈을 벌 수 있는 플랫폼이 아니다. 어느 정도의 노하우가 있다면 목표 수익을 조금 더 빨리 달성할 수 있겠지만, 하나의 건물을 짓기 위해 많은 시간이 들어가는 것처럼 콘텐츠를 쌓아가는 데에도 시간이 필요하다. 앞서 이야기했듯 우리의 의욕은 생각보다 오래 지속되지 않기 때문에 쉽게 시작할 수 있는 만큼 쉽게 포기하는 경우도 많다.

이는 유튜브에서도 쉽게 확인할 수 있는데, '나도 유튜브나 해볼까?'라는 말이 유행처럼 번지고 있지만, 그중 실제로 유튜브를 준비하는 사람은 매우 적다. 또한 준비가 되었더라도 실제로 시작하는 사람은 더 적으며, 그중에서 꾸준히 유튜브 콘텐츠를 제작하며 운영하는 사람은 손에 꼽을 정도로 적다. 이 말의 핵심은 당신이 도전하려는 분야가 처음에는 레드오션처럼 보일지 모르나 진짜 경쟁자는 생각보다 많지 않다는 것이다.

따라서 우리가 블로그라는 레드오션에 입수해서 집중해야 할 부분은 단순히 눈에 보이는 경쟁 숫자가 아니라 수요(트래픽)다. 수요만 끊기지 않는다면 경쟁자가 얼마나 많든 무조건 이득을 볼 수밖에 없다. 그러므로 주변에 1층짜리 건물(겉으로 보이는 경쟁자)만 잔뜩 있는 상황이라면 나는 빌딩을 쌓는다는 마음으로 차곡차곡 콘텐츠를 쌓아 올리면 된다. 그렇게 되면 수많은 저층 건물 사이의 고층 건물처럼 단연 돋보일 수밖에 없는데, 이때부터 수요가 많아져 꿈에 바라던 불로소득이 시작된다.

블로그는 이제 끝났다는 모두의 거짓말

대부분의 SNS는 유행을 탄다. 페이스북의 등장 이후 싸이월드가 쇠락한 것처럼 말이다. 무엇보다 전 세계적으로 큰 인기를 누렸던 페이스북마저 인스타그램의 등장 이후 유저들에게서 조금씩 외면당하고 있는 실정이다. 이는 기존의 플랫폼을 보완한 서비스가 새롭게 등장함에 따라 생기는 어쩔 수 없는 현상이다. 그렇다면 블로그는 어떨까? 블로그는 가장 오래된 플랫폼 중 하나로, 아주 오래전부터 블로그의 시대는 끝이라는 이야기가 돌았다. 그도 그럴 것이 유튜브, 넷플릭스, 틱톡 등의 다양한 동영상 플랫폼의 등장으로 콘텐츠 소비의 중심이 문자에서 영상으로 옮겨졌기 때문이다. 하지만 그럼에도 불구하고 블로그는 꾸준히 유지되고 있는데 여기에는 몇 가지 이유가 있다.

블로그는 특정 서비스를 지칭하는 것이 아니다

먼저, 블로그는 특정 서비스를 지칭하는 게 아니다. 대부분 블로그라고 하면 네이버 블로그를 가장 먼저 떠올리겠지만, 사실 네이버 블로그는 다양한 블로그 서비스의 하나일 뿐, 개인의 기록 용도로 만들어진 모든 웹사이트를 블로그라고 부른다.

블로그의 종류

1. 설치형 블로그
- 도메인과 웹호스팅이 필요하다.
- 유지 비용과 직접적인 관리가 필요하다.
- 사이트 제작부터 모든 것이 자유롭다.
- 전문적인 웹사이트 지식이 필요하다.
- 워드프레스, 텍스트 큐브 등

2. 가입형 블로그
- 포털이나 블로그 웹사이트 등에서 모든 기능을 제공한다.
- 유지 비용이 필요 없으며 모든 관리가 자동으로 이루어진다.
- 서비스의 정책을 따라야 한다.
- 전문적인 웹사이트 지식이 필요 없다.
- 네이버 블로그, 다음카카오 티스토리 등

실제로 블로그의 종류는 직접 만드는 설치형 블로그와 서비스에 가입하는 가입형 블로그가 있는데, 이들 모두가 블로그다. 따라서 특정 포털사이트의 블로그 서비스가 종료될 수는 있겠지만, 블로그라는 플랫폼은 웹사이트가 존재하는 한 사라질 수 없다. 이는 인터넷이 영원히 사라지지 않는 이상 블로그도 계속해서 발전하며 꾸준히 유지된다는 말이다.

블로그의 운명은 검색엔진과 함께한다

인터넷에는 수많은 웹사이트가 존재한다. 그리고 이러한 웹사이트와 문서를 검색할 수 있도록 만들어진 것이 바로 포털사이트(검색엔진)다. 대표적으로 구글, 네이버, 다음 등이 있으며, 많은 검색 결과를 제공해야 하는 만큼 필연적으로 블로그와 함께 성장해왔다. 여기서 가장 중요한 핵심은 각 포털사이트에서 자체적으로 트래픽을 생산하기 위해 구글 블로그, 네이버 블로그, 다음 블로그 등의 서비스를 개발해 제공하고 있다는 점이다. 그렇다면 각 서비스가 망하게 되면 어떻게 될까? 예를 들어 네이버에서 블로그 운영이 자신들에게 이익이 되지 않는다고 판단한다면 서비스를 종료할 수 있을 것이다. 그리고 그렇게 되면 블로거 역시 망할 것이라 생각하겠지만, 사실은 꼭 그렇지 않을 수도 있는데 그 이유는 다음과 같다.

첫째, 포털은 트래픽을 확보해야 하기 때문에 하나의 서비스를 종료할 경우, 그 트래픽을 대체할 수 있는 다른 서비스가 필요하다. (실제로 네이버 포스트, 다음 브런치 등이 이와 같은 움직임을 보여왔지만 블로그를 넘기진 못했다.)

둘째, 내가 이용하는 서비스의 이름이 무엇인지는 중요하지 않다. 설령 내가 이용하던 플랫폼이 사라지더라도 내가 활용할 수 있는 새로운 플랫폼이 생겨날 수밖에 없고, 특히 콘텐츠 제작 방법이나 운영 방식, 로직은 비슷하기 때문이다. 예를 들어, 글을 쓰는 사람이 펜이 아닌 키보드를 잡았다고 해서 글을 못 쓰게 되는 것은 아니며, 그림을 그리는 사람이 타블렛(그림을 그리는 컴퓨터 입력 장치)을 잡았다고 해서 그림을 못 그리게 되는 것은 아닌 것과 같다. 적응의 시간이 필요할 뿐 한번 쌓은 기본기는 사라지지 않는다.

실제로 네이버 블로그를 운영하던 사람들이 티스토리를 운영할 경우 '티스토리는 어떻게 해야 하는가?'라는 방법론적 질문을 하는 경우가 있다. 이것은 마치 숲이 아닌 나무를 보는 것과 같은데 특정 서비스가 나무라면 숲은 포털사이트다. 어떤 서비스를 이용하든 포털에 검색된다는 공통점이 있고, 포털은 정해진 로직에 의해 움직이기에 각 서비스를 이용하는 방법에서는 다소 차이가 있을 수 있겠지만, 핵심적인 방법은 결국 비슷하다. 정말 중요한 건 '네이버 블로그', '티스토리', '워드프레스'의 차이가 아닌, 내가 특정 포털에서 유리한 위치에 설 수 있는 노하우를 알고 있느냐이며 여기에 성패가 달려 있다.

설령 지금 운영되는 서비스가 사라지더라도 지금까지의 경험과 콘텐츠가 모두 제로가 되는 것은 아니며, 새로운 서비스로 대체될 경우 오히려 조금 더 유리한 입장에서 시작할 수 있다. 예를 들어 유튜브가 사라진다면 크리에이터들은 모두 망하게 될까? 절대 아니다. 그들에게는 지금껏 제작한 콘텐츠와 데이터, 효율적인 작업 방식 등의 노하우가 남아있을 것이고, 지금의 성공적인 자리까지 운으로 도달한 게 아니라면 새로운 동영상 플랫폼으로 바뀌어도 금방 회복할 수 있을 것이다. 결론적으로 블로그의 기반은 일회성 서비스보다 더 견고한 포털 사이트이기 때문에 포털이 존재하는 한 특정 서비스가 사라져 그간 쌓아온 경험과 콘텐츠가 무의미해질까 걱정하지 않아도 된다.

블로그와 다른 SNS에는 큰 차이점이 있다

인스타그램, 페이스북과 같은 SNS는 다른 플랫폼이 등장함에 따라 쇠락할 수밖에 없는 특성을 보이고 있다. 해당 서비스 내의 트래픽이 지속성과 유지성을 기반으로 하기 때문에 새로운 서비스로 기존 유저가 빠져나간다면 쇠락할 수밖에 없는 것이다. 하지만 블로그는 앞서 이야기한 것과 같이 포털을 기반으로 하고 있다. 포털은 완벽히 대체될 수 없다. 블로그 서비스의 자체적인 트래픽이 존재하지 않는다고 하더라도 포털을 통해 트래픽을 충분히 확보할 수 있다. 이런 이유로 블로그는 오랜 시간 꾸준히 유지될 수 있었다.

그렇다면 동영상 플랫폼의 등장 이후에는 어떻게 됐을까? 대표적인 동영상 플랫폼인 유튜브는 자체적인 트래픽뿐만 아니라, 포털 검색에도 스며들어 이미 많은 검색 결과에 유튜브 콘텐츠가 표시되고 있다. 그뿐만 아니라 타 SNS 대비 압도적인 점유율을 지녀 블로그에 위협이 되고 있는데, 사실 여기서도 나름의 해결책은 존재한다. 대중매체는 글에서 음성으로 음성에서 영상으로 발전해왔지만, 발전이 있었다고 해서 기존의 매체가 사라지는 것은 아니었다. 각 매체의 장단점이 분명하기 때문이다. 실제로 동영상으로 보기 편한 콘텐츠가 있다면, 반대로 글로 접하는 게 편한 콘텐츠가 있다. 가령 자세한 요리 과정은 동영상으로 보는 것이 편하겠지만, 코로나 확진자 추이를 알고 싶다면 긴 영상을 보기보다 포털에 검색하는 게 빠른 것처럼 말이다. 또한 콘텐츠는 무한히 소비할 수 있어서 각 대표 플랫폼은 각자 도생할 것이며, 만일 블로그가 사라지게 된다면 그 대체재는 유튜브가 아닌 블로그를 대체할 수 있는 텍스트 중심의 플랫폼이 될 것이다.

온라인 마케팅의 기반을 만들자

내가 인터넷 부업과 온라인 마케팅을 시작하는 사람들에게 블로그를 추천하는 이유가 있다. 온라인 플랫폼은 웹사이트, 블로그를 기반으로 성장해왔기 때문이다. 기본적으로 블로그의 로직이 다른 플랫폼에도 녹아 있기 때문에 블로그를 배우면 어떤 플랫폼으로 넘어가더라도 조금 더 빠르게 적응할 수 있다. 이건 비단 SNS뿐만 아니라 쇼핑몰도 마찬가지다. 예를 들어 내가 무언가를 홍보하고 판매하기 위해서는 소비자들에게 다른 판매자보다 더 많이 노출되어야 한다.

그러나 다른 경쟁자들보다 내 콘텐츠를 더 부각시키려면 키워드와 포털 로직을 이해해야 하는데 걱정할 필요가 전혀 없다. 키워드와 노출이 핵심인 블로그를 운영하다 보면 이러한 개념을 자연스레 습득할 수 있기 때문이다. 수익을 목적으로 웹사이트를 운영하는 건 물론이고, 훗날 개인 사업을 하는 등 홍보가 필요할 때 블로그 경험은 온라인 마케팅의 기반이 될 것이다.

초심자를 위한 리남의 보충수업
〈블로그로 돈 버는 시대는 끝났다?〉

사실 거창한 이유는 필요 없다

내가 처음 파이프라인의 필요성을 느낀 건 한 곳에서 더 이상 물이 나오지 않게 되었을 때 최소한의 생명수가 되어줄 물줄기를 얻기 위해서였다. 주식 용어로 말하자면 일종의 분산투자 같은 것이었다. 그리고 더 나아가 내가 일을 하지 않아도 소득을 얻을 수 있는 불로소득의 관점으로 바라봤다. 하지만 꼭 이런 막연한 이유를 대지 않더라도 파이프라인 구축은 조금 더 여유 있는 삶을 위해 필수적인 요소라 생각한다. 내가 추구하는 삶, 가령 수입에 대한 목표가 있을 때 한 가지 수익원으로 도달할 수 없다면 다른 일을 더해서 그 목표에 도달할 수 있다. 나는 그 일환으로 적어도 마이너스가 될 일은 없는 수익형 블로그를 강하게 추천한다.

Simple is the best

예전에 재밌는 글을 본 적이 있다. '대한민국 국민 고민거리 TOP 10!'이라는 글이었는데, 무릎을 치게 하는 다양한 고민들이 있었지만, 유독 나의 눈길을 끈 것은 자장면과 짬뽕 중에서 무엇을 고르겠냐는 것이었다. 실로 많은 국민들을 절망에 빠뜨리는 엄청난 고민이었다. 나는 쉽사리 결정을 하지 못하다가 문득 한 가지 깨달음을 얻었다.

자장면을 먹을지 짬뽕을 먹을지 오래 고민했다고 해서 더 맛있는 음식이 배달되는 게 아니듯이 오랜 고민이 꼭 더 나은 결과를 도출하는 건 아니다. 어떻게 보면 결과적으로 내 점심시간만 줄어든 꼴이 된다. 나 역시 결정을 쉽게 내리지 못하는 성격으로 선택의 기로에 놓였을 때 생각이 꼬리에 꼬리를 무는 경우가 있는데, 모든 일에 일생일대의 결정을 하는 것처럼 부담을 느낄 필요는 없다. 다만, 현실을 직시하고 나 자신이 납득할 만한 질문에 스스로 답을 함으로써 곧바로 행동하는 게 중요하다. 그래서 나는 매우 간단한 질문 세 가지를 나에게 던졌다. 질문은 다음과 같다.

- 나는 지금의 상황에 만족하지 않는다. → True
- 더 많은 돈을 벌고 싶다. → True
- 행동하지 않으면 바뀌지 않는다. → True

분명히 말하지만 나는 생각처럼 능동적인 사람이 아니다. 무턱대고 도전할 수 있을 만큼 담력이 큰 사람도 아니다. 단지 내가 이루고 싶은 목표가 확실하고, 내가 하지 않으면 아무것도 변하지 않는다는 현실을 알고 있었다. 그래서 최소한의 리스크로 부담 없이 할 수 있는 일을 찾아 도전할 수 있는 환경을 만들었을 뿐이다.

이렇게 부족한 내가 여러분에게 해주고 싶은 말은 실패해도 괜찮고, 포기해도 괜찮다는 것이다. 단, 도전하다가 포기할 수는 있어도 시작도 하기 전에 포기하지는 말자. 거창한 계획을 세우기보다는 할 수 있는 일을 해야 한다. 성공은 정해진 수순이 아니다. 성공이란 도전이 있기에 가능한 결과물이며, 모두가 성공하는 것은 어려울지라도 누구에게나 가능성은 있다는 사실을 잊어선 안 된다. 이 사실이 변하지 않는 한 나는 앞으로도 계속해서 내가 할 수 있는 일에 도전할 것이다. 그러므로 여러분도 블로그 시작에 대한 막연한 두려움을 마음속에서 걷어내고 도전했으면 좋겠다.

실수를 반복하지 않기로 다짐했다

실패를 통해서도 배울 게 있다

블로그는 원래 자신이 좋아하는 것을 기록하는 용도로 만들어진 웹사이트였다. 2000년대 중반까지만 하더라도 대부분의 블로그는 취미로 운영되고 있었다. 하지만 사람이 모이면 돈이 된다고 이야기했듯이 점차 블로그를 통해 돈을 벌었다는 사람들이 나타나기 시작했다. 그러자 인터넷으로 돈을 벌 수 있다는 게 낯선 시절이었음에도 새로운 수익 구조라는 주목을 받으며 너도나도 블로그로 모여들었다. 그렇다면 결과는 어땠을까?

    실제로 수익화에 성공한 사람은 많지 않았다. 대다수는 블로그를 성장시키지 못한 채 포기하였으며, 수익을 얻었다고 하더라도 그간 쏟은 노력에 비하면 매우 미미했다. 그리고 이때 나 역시 블로그 수익화에 실패했다. 하지만 쓰라린 패배 이후 온라인 마케팅 경험을 쌓아 파이프라인을 목적으로 다시 한번 블로그에 도전장을 내밀었을 때 그 결과는 100% 달라졌다. 불과 8개월 만에 월 300만 원 이상의 순수익을 얻었고, 몇 번의 시행착오 끝에 월 1000만 원이라는 수익을 달성한 것이다. 과거 운영하던 블로그의 반도 안 되는 방문자(트래픽)로 이뤄낸 성과였다.

    여기서 잠깐, 여러분은 한 가지가 궁금해졌을 것이다. 내가 과거에는 두 배나 많은 방문자 수를 가졌음에도 실패했는데 이번에는 훨씬 더 적은 방문자 수로도 성공한 이유가 무엇이었을까?

    내가 처음에 실패한 이유는 오로지 방문자 수에만 집중했기 때문이다. 나는 다른 건 몰라도 블로그를 잘 키우는 것만큼은 자신 있었다. 여기서 잘 키운다는 건 방문자를 유도하는 일이었다. 2007년도부터 네이버 블로그, 이글루스, 티스토리 등 다양한 블로그를 운영한 경험이 있었고, 남들보다 먼저 시작해 수많은 시행착오를 겪으면서 어떻게 해야 트래픽을 모을 수 있는지 알았다. 그렇게 블로그가 성장하자 광고가 들어오기 시작했다. 다른 어려움 없이 글을 쓰며 돈을 벌 수 있다는 것에 재미를 느꼈고, 블로그로 돈을 벌 수 있는 방법을 찾아보며 내가 갖고 있는 트래픽을 돈으로 만들 궁리를 짜냈다.

하지만 결과는 참패였고, 이런 생각이 머릿속에 맴돌기 시작했다. '이렇게까지 방문자가 많은 블로그로도 이 정도밖에 수익을 얻지 못한다면, 블로그로 큰돈을 버는 건 무리가 아닐까?' 그렇다. 블로그로 돈을 벌 수는 있지만, 이게 생업이 될 수는 없겠다고 생각한 것이다. 아마 블로그 수익화에 도전해 블로그를 만족할 만큼 성장시켰음에도 수익화에 실패한 사람이라면 그때의 내 심정을 이해할 수 있을 것이다.

실제로 내가 유튜브를 시작하려고 막 준비하던 차에 유튜브에 블로그 관련 내용을 검색하면 '블로그는 돈을 벌지 못한다'라는 이야기가 대다수였다. 하지만 다시 한번 블로그를 시작하려 했을 때 이전에는 보이지 않던 게 보이기 시작했다. 바로 블로그가 돈이 안 되는 게 아니라 내가 돈으로 만들지 못했다는 사실이다. 나의 실패 원인은 너무나 명확했다. 지금부터 하는 이야기는 인터넷으로 돈을 벌기 위해서 반드시 필요한 내용이다. 나의 실패를 거울삼아 여러분은 같은 실수를 반복하지 않았으면 좋겠다.

처음에 돈을 벌지 못했던 이유

무언가를 이루고자 할 때 가장 먼저 생각해봐야 할 것은 목적과 수단 그리고 방향이다. 명확한 목적을 가지고 그에 맞는 수단을 이용해서 최대한의 효율을 낼 수 있는 방향으로 나아가야 한다. 예를 들어 돈을 벌고 싶다면 우리의 목적은 돈이며, 블로그는 돈을 벌기 위한 수단이 되어야 한다. 돈을 벌기 위해 블로그를 이용한다는 의미다. 그런데 당시 나는 블로그를 수단이자 목적으로 봤고, 돈을 벌어야 한다는 생각에 갇혀 블로그로 돈을 벌기 위해서는 오로지 블로그를 성장시켜야 한다고만 생각했다. 일단 블로그를 성장시키면 더 많은 광고를 더 높은 단가로 받을 수 있다는 막연한 기대를 품은 것이다.

물론 이렇게 해서 수익화에 성공하는 사례도 있을 수 있다. 더 많은 돈을 벌기 위해 더 많은 사람이 찾는 블로그를 만들면 유리한 것은 사실이니 말이다. 하지만 나의 사례에서도 볼 수 있듯이 꼭 더 많은 돈을 벌기 위해 더 많은 트래픽을 확보해야 하는 것은 아니며, 내 목적에 걸맞은 방향이 있기 마련이다. 예를 들어 유튜브로 돈을 벌기 위해서는 어떻게 해야 할까? 대부분은 더 많은 구독자를 확보하려 애쓸 것이다. 하지만 '돈'이 목적이 된다면 꼭 많은 구독자는 필요하지 않을 수 있다.

실제로 그림에서 보는 것처럼 310만 명의 채널보다 11만 명의 채널에서 예측 수익이 더 많은 것을 확인할 수 있다. 만약 목적이 '돈'이라면 꼭 구독자를 늘리기보다는 조회 수가 더 많이 나오는 쪽으로 방향 설정을 하는 게 옳다. 반대로 브랜딩이 목적이라면 더 많은 구독자를 확보하는 게 더 유리한 입지를 차지할 수 있다. 자신의 목적을 분명히 하고 그에 맞는 방향으로 채널을 운영해야 한다는 것이다.

인생은 확률 게임이다. 내가 살아남기 위해서는 조금이라도 더 많은 생존 확률을 확보해야 하며, 그 생존 확률을 확보하기 위해 우리는 명확한 목적을 갖고 이길 수 있는 방향을 설정할 필요가 있다. 하지만 나는 '돈'이라는 목적을 잊고 블로그라는 틀에 갇혀 블로거가 되려 했으니 어쩌면 나의 실패는 당연했을지도 모른다. 고로 명확한 목적의식을 가지고 확실한 수단으로 내게 맞는 방향을 향해 나아간다면 성공은 떼어놓은 당상이나 다름없다. 물론 행동하지 않는다면 이 얘기 또한 허공의 메아리일 뿐이겠지만.

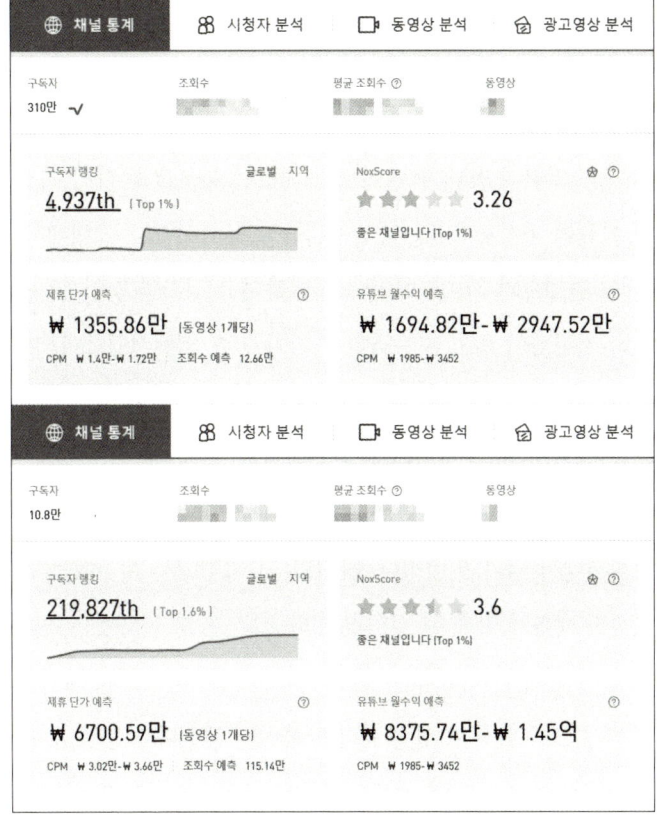

[자료제공: 녹스인플루언서] 유튜브 구독자에 따른 수익 비교

초심자를 위한 리남의 보충수업
〈블로그로 돈을 벌기 위해 필요한 것〉

그때는 몰랐고, 지금은 알게 된 것

거듭 말하지만 내가 이미 실패해봤던 블로그를 다시 시작한 이유는 파이프라인을 만들겠다는 이유에서였다. 그런데 나는 왜 블로그가 파이프라인에 적합하다고 생각한 것일까? 단순히 접근성이 좋고 지속적인 관리가 필요 없어서였을까? 아니다. 앞서 말했듯 블로그 실패의 경험이 있던 나는 블로그는 큰돈이 되지 않을 것이라고 판단했었고, 그 외에 인터넷에서 돈을 벌 수 있는 다양한 방법들을 알게 되면서 블로그는 나의 관심사에서 점차 멀어졌다. 하지만 그 과정에서 이전에는 몰랐지만 새롭게 알게 된 것이 있었다. 그건 바로 인터넷은 돈을 벌기 위한 '수단'이었다는 것이다. 나는 이걸 블로그에 대입했을 때 블로그도 돈이 될 것이라는 확신이 들었다.

돈을 벌기 위한 수단

마르지 않는 샘(트래픽)을 찾았다고 한들 그것을 담을 그릇(수단)이 없으면 우리는 물(수익)을 담을 수 없다. 물을 담는 것이 목적이라면 처음부터 그릇을 준비해야 한다.

- 블로그로 돈을 번다. (X)
- 블로그로 무엇을 해서 돈을 번다. (O)

돈을 벌기 위해 블로그를 한다고 가정했을 때 블로그는 수단이며 돈은 목적이 된다. 하지만 우리가 더 높은 성공 확률을 얻고자 한다면 그 수단을 조금 더 구체화할 필요가 있다. 그렇다면 우리가 돈을 벌기 위한 수단은 무엇이 있을까?

1. 협찬 (체험단)
- 상품이나 업체와 관련된 리뷰를 작성하여 협찬 비용을 받는다.

2. 광고 (제휴마케팅)
- 광고 배너나 광고 링크를 본문에 게재하여 전환율만큼 이익을 얻을 수 있다.
- CPA, CPC, CPM, CPI, CPS 등 종류가 다양하다.

> 3. 판매
> - 직접적으로 판매할 수 있는 상품이나 서비스가 있을 때 자신의 블로그에 홍보한다.
> - 구매 대행, 공동 구매 형식으로 이루어지기도 한다.

이외에도 포스팅 대행 등 할 수 있는 일은 더 있다. 하지만 이것 역시 협찬이라고 본다면, 큰 틀에서 봤을 때 우리가 인터넷으로 할 수 있는 일은 협찬, 광고, 판매로 좁혀진다. 이 내용은 블로그를 포함한 모든 웹사이트에 적용되며, 인스타그램, 유튜브의 수익 형태도 다르지 않다. 헷갈리지 않게 조금 더 분명히 말하자면 네이버 카페든 네이버 지식인이든 어떠한 커뮤니티든 모두 이와 같은 방식으로 돈을 벌고, 반대로 의뢰도 할 수 있다는 것이다. 인터넷으로 돈을 벌기로 했다면 이 내용은 반드시 기억하는 게 좋으며, 블로그나 유튜브로 돈을 벌겠다는 막연한 생각보다는 구체적으로 무엇을 할 것인지를 결정하는 편이 여러분의 성공에 더 도움이 될 것이다.

꼭 최선의 것을 고를 필요는 없다

협찬, 광고, 판매. 우리는 무엇을 선택하는 게 좋을까? 일단은 무엇이 더 좋다고 이야기하기는 어렵다. 각 분야에서 성공한 사람들이 있다는 건 모두에게 가능성이 있다는 의미다. 무엇보다 각자의 성공 공식이 있기 때문에 나에게 협찬, 광고, 판매 중에 선택하라면 광고라고 답할 수밖에 없다. 결국 무엇을 할지는 본인이 선택해야 하는데, 최선의 것을 고르기 어렵다면 여러 가지 상황을 나열해보는 게 도움이 될 수 있다.

1. 건바이건은 싫다
- 월급과 같은 꾸준한 수익을 원한다.

2. 복잡한 건 싫다
- 다른 요인 없이 블로그만으로 이익을 얻을 수 있어야 한다.

3. 시간에 쫓기기 싫다
- 마감일이 없어야 한다.
- 내가 하고 싶을 때 할 수 있어야 한다.

4. 인간관계 스트레스는 싫다
- 협업 없이 혼자 할 수 있어야 한다.

MBTI(Myers-Briggs Type Indicator, 마이어스와 브릭스가 고안한 성격유형지표) 검사결과 INFJ 유형인 나는 혼자 조용히 몰두하는 걸 선호한다. 그리고 시간 압박을 극도로 싫어하기 때문에 자유롭게 할 수 있는 일을 원했다. 안정적인 수익원을 목표로 시작한 나에게 적합한 건 광고였다. 이렇게 무엇을 할지 결정하자 어떤 플랫폼을 이용할지 결정하는 일은 조금 더 수월했다. 링크가 걸리지 않는 인스타그램은 광고에 적합하지 않아 제외했다. 혼자 조용히 글을 쓸 수 있고 광고의 효율에 최적화된 플랫폼은 블로그였기 때문이다. 이렇게 자신에게 맞는 플랫폼이 무엇인지를 따져보고 돈을 벌기 위한 전략적인 구상을 세워본다면 일사천리로 일이 진행된다.

여우와 두루미가 내게 준 교훈

마케팅과 브랜딩

〈여우와 두루미〉라는 우화가 있다. 입 모양이 다른 여우와 두루미가 서로의 집에 초대받았다. 그런데 손님은 생각하지 않고 자기가 먹기 편한 그릇에 음식을 내놓아 상대방은 음식을 먹지 못한다. 우리는 여기서 다른 사람을 배려하고 존중해야 한다는 교훈 말고도 또 다른 메시지를 얻을 수 있다. 바로 '자신에게 먹기 좋은 그릇은 따로 있다'라는 것이다. 목적과 수단이 분명해졌다면 이제 자신의 목적을 이루기 위해 필요한 그릇(방향)을 찾아야 한다. 그리고 인터넷으로 돈을 버는 방법은 결국 수많은 블로그 중에서 나의 블로그로 들어오게 만드는 것이므로 마케팅과 브랜딩에 대해 반드시 알아둘 필요가 있다.

> **블로그의 종류**
>
> 1. 취미 블로그
> - 본래의 용도와 같이 취미, 기록 용도로 운영되는 블로그
>
> 2. 브랜딩 블로그
> - 기업이나 개인의 이미지, 브랜드 구축을 위한 블로그
>
> 3. 마케팅 블로그
> - 상품이나 서비스를 직접적으로 홍보, 판매하기 위한 블로그

운영 목적에 따른 블로그의 성격과 방향을 정리한 것이다. 블로그를 기준으로 설명했지만, 이 역시 다른 플랫폼에도 그대로 적용할 수 있다. 예를 들어 구독자 위주의 채널은 브랜딩, 조회 수 위주의 채널은 마케팅으로 볼 수 있는 것이다. 그리고 여기서 헷갈릴 수 있는 게 브랜딩과 마케팅인데, 결과적으로 이득을 보기 위해서라는 목적은 같으나 그에 도달하는

방향이 다르다. 예를 들어 성공한 사람의 시계, 성공한 사람의 차라면 무엇이 떠오르는가? 더 비싼 브랜드도 많이 있겠지만 딱 떠오르는 것은 롤렉스와 벤츠다. 단순히 제품의 홍보를 떠나 역사와 가치를 담고, 소비자에게 어떠한 이미지를 심어줌으로써 충성 고객을 만드는 것, 이게 브랜딩이라 할 수 있다.

그렇다면 마케팅은 무엇일까? 내가 생각하는 마케팅은 설득이다. 고객의 니즈를 파악하여 이를 충족시키는 일을 최우선으로 삼는 것, 결국 내 상품을 선택하게 하는 일이다. 하지만 마케팅의 범주 안에 브랜딩도 포함되어 있기 때문에 완전히 분리하기는 조금 어렵다. 헷갈린다면 콘텐츠(마케팅) 중심인지, 인물(브랜딩) 중심인지로 이해해도 무방하다.

최소한의 방향 설정

내가 블로그를 운영하는 방식은 브랜딩 블로그에 가까웠다. 나라는 사람을 전면에 내세워 콘텐츠를 제작했고, 적극적인 소통으로 꽤 좋은 반응을 얻었다. 하지만 그런 블로그에서 광고를 시작하면 어떻게 될까? 먼저 좋은 반응을 얻기 힘들다. 한두 개의 콘텐츠라면 모르겠지만, 지속해서 광고 글이 올라오면 독자는 떠날 수밖에 없다. 소통의 목적이 광고였냐는 빈

축을 사 신뢰도가 하락하기 때문이다.

다음으로 브랜딩 블로그가 할 수 있는 광고는 제약이 많을 수밖에 없다. 자칫 잘못하면 내 이미지가 훼손될 수 있고, 이미지가 실추되었을 때 타격이 상당히 크다. 실제로 이런 사례는 유튜브에서도 많이 찾아볼 수 있는데, '죄송합니다'로 시작되는 영상들을 생각하면 이해가 쉬울 것이다. 그렇다면 광고가 목적인 블로그에서는 브랜딩을 하지 않는 게 좋을까? 꼭 그런 것은 아니다. 만약 내가 리뷰어라면 '나는 아무 제품이나 리뷰하지 않는다'와 같은 이미지를 심어줄 수 있고, 그렇게 브랜딩이 된다면 오히려 전환율(구매율/클릭률)이 올라갈 수 있다.

마케팅은 사람을 상대하는 일이다. 직접적으로 대면하거나 소통하지는 않더라도 다양한 지표를 통해 간접적인 의견을 알 수 있다. 같은 사람이라도 상황에 따라 다르고, 또 사람에 따라 달라질 수 있는 만큼 이분법적으로 명확히 구분 짓기보다는 조금 더 유연하게 생각하는 습관이 필요하다. 처음부터 그 방향이 완벽할 필요는 없다. 조금 더 효율적으로 갈 수 있도록 조금씩 조정해나가면 될 뿐이다. 하지만 적어도 오른쪽으로 가려다 왼쪽으로 가는 일만큼은 없어야 하기 때문에 자신의 목적에 맞는 최소한의 방향은 반드시 결정해야 한다.

제2부

자면서도 돈이 들어오는 파이프라인 구축 공식

01
성공의 핵심은
극비의 노하우가 아니다

근본적으로 필요한 것

파이를 나누면 내가 먹을 수 있는 양이 줄어들기 때문에 자본주의 사회에서 경쟁은 필연적이다. 이런 생각 때문인지 어떤 분야에서 누구나 따라 해 성공할 수 있을 정도의 노하우는 공개될 수 없다고 여겼다. 그래서 취업을 포기하고 성공을 위한 새로운 여정에 발을 디뎠던 당시의 나는, 자기계발서를 별로 좋아하지 않았다. 어떤 분야를 개척해서 성공한 사람을 보면, '먼저 시작했기 때문에', '극비의 노하우가 있어서'라고 생각한 탓이었다. 무한경쟁 시대에 자신의 파이를 지켜줄 핵심 노하우를 책에 담는다는 건 있을 수 없는 일이었고, 무엇보다 절대로 이해할 수 없는 일이었다. 게다가 나는 사람들이 인생에서 성공하는 건 자기만의 방법이나 노하우가 있기 때문이라고 믿었다. 하지만 나는 성공에 대한 나름의 정의를 내림으로써 이러한 접근 방식이 근본적으로 잘못되었다는 걸 깨달았다.

한 사람이 살아온 배경과 경험에 따라 성공의 정의는 매우 다양해진다. 그러나 성공은 어디까지나 결과일 뿐이다. 그렇기 때문에 많은 사람은 자신이 선택한 일의 결과가 좋으면 조금 더 일찍 시작하지 않은 걸 후회한다. 하지만 누군가가 성공에 이른 방법을 선택하지 않은 사람들은 오로지 그들의 특별함만을 운운하거나 그들의 성공 방법 자체를 부정한다. 누군가의 성공 스토리를 귀담아 듣는 것에 대해 왈가왈부할 입장은 아니지만 정말 성공하고 싶다면 적어도 벤치마킹은 하라고 권하고 싶다. 이미 알려진 성공 방식에는 나름의 답안지와 방향이 존재한다. 나는 유튜브와 CLASS101을 통해 블로그로 돈 버는 방법을 소개해왔다. 이러한 정보를 먼저 접한 사람들은 블로그로 돈을 벌기 위해서는 구글 애드센스를 이용해야 한다는 사실을 너무나 당연하게 생각한다. 즉, 성공의 핵심은 극비의 노하우가 아니라 타인의 성공 방법을 나에게 어떻게 적용할 것인지 대한 인고의 시간에 있다.

잘 다듬어진 노하우가 공개되기 전에 어떤 분야에 도전한 사람들에게는 정답이나 커리큘럼이라는 게 존재하지 않는다. 먼저 앞장서서 알려주는 사람이 없기 때문에 모든 것을 직접 해볼 수밖에 없고, 수많은 갈림길에서 막연한 선택을 할 가능성이 높다. 이 말은 성공한 사람들도 처음부터 대단한 노하우를 갖고 있지 않았고, 새로운 길에 대한 정보가 부족해 당신보다 심적이나 물리적으로 더 열악한 환경에 있었다는 뜻이다. 하지만 그런데도 그들은 기어코 성공했다. 어쩌면 성공으로 이끄는 진정한 힘은 어떠한 방법이나 노하우가 아니라 성공에 대한 태도에 있을지도 모른다.

아는 만큼 보이는 게 있다

우리가 사는 세상을 단편적으로 경쟁사회라고 규정한다면, 노하우가 공개되는 순간 그건 더 이상 노하우가 아니다. 시험에서 모두가 100점을 받게 되면 1등급의 의미가 없어지는 것처럼 말이다. 하물며 그 노하우를 누구나 쉽게 접할 수 있는 상황이라면 더더욱 그렇다. 그렇다면 누군가 노하우를 알려주길 바라고, 그러한 노하우가 공개되었을 때 본격적으로 시작하겠다는 말은 어불성설이 아닐까? 누구나 다 아는 노하우를 얻게 되었을 때 그것을 정말 노하우라고 부를 수 있을까?

내 생각에 진짜 노하우는 어떠한 일을 시작부터 끝까지 안내해주는 방법이 아니다. 오늘의 노하우는 내일이면 구식으로 전락하기 때문이다. 경쟁으로 돈을 번다는 건 결국 남들을 이겨야 한다는 의미다. 그리고 그 경쟁에서 이기기 위해서는 새로운 방법을 계속 찾아내야 한다. 무엇보다 새로운 방법을 터득하면 또 다른 누군가는 그 이상의 방법을 계속해서 발견하므로 어쩌면 진정한 노하우란 그 방법을 계속해서 찾아갈 수 있는 능력이라고 말할 수 있다.

> Q. 어떻게 성공했을까?
> → 어떠한 방법을 찾았을 것이다.
>
> Q. 어떻게 찾았을까?
> → 수많은 시행착오를 겪었을 것이다.
>
> Q. 어떻게 버텨냈을까?
> → 가능성을 발견했을 것이다.

> Q. 어떻게 가능성을 알았을까?
> → 무언가 알고 있었을 것이다.
>
> Q. 어떻게 알게 되었을까?
> → 경험이 필요하다.

그렇다면 계속해서 새로운 방법을 찾는 능력은 어떻게 얻는 것일까? 내 경험에 비추어봤을 때 그런 능력을 얻는 건 생각보다 간단했다. 바로 원점으로 돌아가는 것이다. 누구에게나 첫 시작은 있다. 성공한 사람이든 그렇지 않은 사람이든 처음은 존재한다. 만약 출발점이 같음에도 올바른 방향성을 갖고 노력한 사람들이 성공하는 것이라면, 그 사람들은 우리가 무심코 지나쳤던 특정한 경험에서 무언가 힌트를 발견한 게 아닐까?

나는 인터넷으로 돈을 벌겠다고 무일푼으로 나선 초짜였기 때문에 무엇을 어디서부터 시작하는 게 좋은지 알지 못했다. 그래서 일단 뭐든 전부 도전하겠다는 의지로 유명한 SNS를 체험하고 공부하기 시작했다. 여기서 꼭 기억해야 할 중요한 포인트는 SNS 사용법을 단순히 익힌 게 아니라 특성과 장단점을 기록하고 정리하며 공부했다는 점이다. 또한 국내에서는 잘 사용하지 않는 SNS까지 섭렵하면서 온갖 자료를 찾고 커뮤니티와 웹사이트를 직접 제작하는 등 돈만 들어가지 않는다면 뭐든 해보았다. 나만의 정보와 지식을 쌓으려고 원점으로 돌아가 정말 안간힘을 썼던 것이다.

그 과정에서 각 SNS별로 정말 다양한 광고를 진행하고 테스트하게 되었는데, 많은 실패를 경험하면서도 스스로 성장하고 있다는 확신을 가질 수 있었다. 지금 생각하면 어떻게 그렇게까지 할 수 있었을까 놀랍지만, 취업을 포기하고 선택한 길이라서 어떻게든 해내겠다는 목표 의식이 강했던 것 같다. 그리고 이러한 경험은 블로그 수익화에 아주 큰 도움이 되었다. 수익을 얻기 위해 내가 가야 하는 방향이 분명하게 보이기 시작했다. 아는 만큼 보인다는 말도 있지 않은가. 올바른 방향을 찾기 위해서는 반드시 알아야만 하는 게 있고, 보이는 게 있다면 지금부터라도 알아가면 된다. 무엇보다 당신에게 해주고 싶은 말은 나의 이야기가 당신에게 아주 약간의 영감이라도 주었다면 나를 벤치마킹했으면 좋겠다는 것이다.

온라인 마케팅으로 돈을 버는 방법

본격적으로 인터넷으로 수익을 얻기 위한 방법을 소개하겠다. 온라인 광고의 종류로는 CPM(Cost Per Mile), CPV(Cost Per View), CPC(Cost Per Click), CPI(Cost Per Install), CPS(Cost Per Sale), CPA(Cost Per Action), CPP(Cost Per Period) 등이 있다. 그리고 이 용어를 모두 기억할 필요는 없지만, 적어도 어떤 형태의 광고가 있는지 알아둔다면 큰 도움이 될 것이다.

1. CPM(Cost Per Mile)
- 노출 1000회당 광고비를 지급하는 방식이다. 방문자가 해당 광고를 보는 것만으로 수익을 얻을 수 있다.

2. CPV(Cost Per View)
- 광고 영상을 시청할 때 광고비를 지급하는 방식이다. 대표적으로 유튜브 동영상 광고가 여기에 해당한다.

3. CPC(Cost Per Click)
- 광고를 클릭할 때 광고비를 지급하는 방식이다. 구글 애드센스, 네이버 애드포스트 광고 등이 여기에 해당한다.

4. CPA(Cost Per Action)

- 광고를 클릭하고 광고주가 원하는 성과가 생겼을 때 광고비를 지급하는 방식이다. 예를 들어 광고주가 원하는 행동이 사이트 회원가입이라면 가입이 이루어져야 하고, 보험 상담이 목적이라면 실제로 상담이 이루어졌을 때 광고비를 지급받을 수 있다.

5. CPI(Cost Per Install)
- 광고를 클릭하여 설치가 이루어졌을 때 광고비를 지급하는 방식이다. 모바일 앱 설치가 여기에 해당한다.

6. CPS(Cost Per Sale)
- 광고를 클릭하여 판매가 이루어졌을 때 광고비를 지급하는 방식이다. 대표적으로 쿠팡 파트너스, 아마존 어필리에이트 등이 있다.

7. CPP(Cost Per Period)
- 광고가 게시되었을 때 광고비를 지급하는 방식이다. 성과와 관계없이 일정 기간별로 미리 합의된 금액을 받을 수 있으며, 웹사이트 배너광고 등이 보통 여기에 해당한다.

종류가 많아 조금 헷갈릴 수 있지만 조금 더 넓은 범위에서 본다면 광고는 결국 노출형 광고(CPM, CPV), 클릭형 광고(CPC), 성과형 광고(CPA, CPI, CPS)로 나뉘게 된다. 그렇다면 이 광고들은 어떤 특성이 있을까?

노출형 광고(CPM, CPV)

노출형 광고는 광고가 노출되는 것만으로도 수익금을 지급받을 수 있다. 그리고 노출에 따른 수익금을 받는 만큼 트래픽과 수익이 비례한다. 조회만으로 수익이 발생한다는 부분이 어찌 보면 안정적이고 꾸준한 수익원이라는 점에서 파이프라인에 가장 적합할지도 모르겠다. 하지만 광고주 입장에서 생각했을 때 성과와 관계없이 광고비를 지출한다는 것은 부담이 될 수밖에 없다. 그만큼 단가가 낮을 수밖에 없고, 실질적인 수익 전환이 이루어지는 게 아니라서 현재 온라인 마케팅 시장에서 그리 선호하는 형태는 아니다. 그래서 노출형 광고만 개별적으로 있는 경우는 거의 없고, 보통 클릭형 광고와 섞여 있는 경우가 많다. 다만 CPV 광고의 경우 노출형 광고이긴 하나 유튜브라는 특수한 플랫폼을 통해 노출되기 때문에 CPM 광고와는 다르다.

클릭형 광고(CPC)

클릭형 광고는 광고가 노출되어 클릭이 발생했을 때 수익금을 지급받을 수 있다. 10명이 방문해서 10명이 모두 광고를 클릭할 수도 있지만, 반대의 경우도 있어서 트래픽과 수익이 꼭 비례하지 않는다는 특징이 있다. 노출형 광고와 비교했을 때, 사람을 모은 뒤에 내가 홍보하는 상품에 관심을 갖게 만들어야 해서 난도는 조금 높은 편이다. 하지만 그만큼 단가가 더 높고 노력 여부에 따라 많은 수익을 얻을 수 있다. 그리고 클릭형 광고는 대부분 포털의 수익 플랫폼과 연동되어 있는데, 포털에서 정식으로 지원하는 서비스인 만큼 광고로 인한 제재를 받을 확률이 낮아 조금 더 안정적으로 광고 활동을 할 수 있다.

성과형 광고(CPA, CPI, CPS)

성과형 광고는 광고가 노출되었을 때 클릭이 중요한 게 아니라 광고주가 원하는 행동(Action, Install, Sale)이 유도되어야 수익금을 지급받을 수 있다. 그리고 클릭형 광고와 마찬가지로 트래픽과 수익이 비례하지 않는다는 특징이 있는데, 사람을 모으고 상품에 관심을 갖게 만든 뒤 판매까지 이루어져야 하기 때문에 난도가 매우 높다. 하지만 판매되는 상품의 일정 퍼센티지를 커미션(Commission)으로 받거나, 높은 단가가 책정되어 개인의 실력에 따라 수익적인 한계가 거의 없다는 장점이 있다. 앞서 소개한 모든 형태의 광고는 제휴마케팅에 속하지만, 일반적으로 제휴마케팅이라고 할 때 떠올리는 것은 바로 이 성과형 광고다.

초심자를 위한 리남의 보충수업
〈인터넷 광고 종류 정리〉

반드시 알아야 할 마케팅 플랫폼

물건을 판매하고 싶다면 내가 판매하려는 상품을 소싱(Sourcing)해야 하는 것처럼, 광고를 하기 위해서는 머천트(광고주)에게 광고를 받아야 한다. 하지만 머천트가 직접 개인 마케터에게 광고를 의뢰하는 일은 머천트와 개인 마케터 입장에서 시공간적으로 어려울 수밖에 없다. 그래서 이런 어려움을 해결해주는 서비스가 생겨났는데, 그게 바로 제휴마케팅 플랫폼이다. 제휴마케팅 플랫폼은 광고주가 자신이 홍보하고자 하는 서비스나 상품을 올리면, 개인 마케터가 조건을 비교하면서 선택할 수 있도록 도와준다. 예를 들어 유튜브의 경우에도 조회수당 수익을 받는 CPV 광고 외에도 협찬(유료 광고)을 하는 경우가 있다. 이때 광고주가 직접 의뢰하는 경우도 있지만,

대부분은 광고주가 광고대행사에 등록함으로써 광고대행사에서 해당 조건에 맞는 크리에이터를 찾아 의뢰하는 형식으로 이루어진다. 즉, 제휴마케팅 플랫폼이란 머천트를 잔뜩 모아둔 회사라고 생각하면 된다.

포털 제휴마케팅 플랫폼

우리는 어떤 웹사이트로 접속하거나 원하는 정보를 찾기 위해 대부분 포털사이트를 이용한다. 이 말은 곧 거의 모든 인터넷 트래픽이 포털사이트로 모인다는 의미가 되는데, 앞서 1부에서 사람이 모이면 홍보 효과가 생긴다고 말했듯이 가장 많은 광고주가 모여드는 곳이 바로 이 포털사이트다. 그리고 이러한 포털 제휴마케팅은 몇 가지 특징이 있다.

첫 번째로 마케터가 광고를 선택할 수 없다는 것이다. 마케터가 광고를 승인받아 게재할 경우 포털에서 등록된 광고를 랜덤으로 송출해주기 때문에, 어떤 광고가 노출될지 알 수 없다. 그래서 우리는 특정 상품이나 서비스를 직접적으로 홍보하는 게 아니라, 유튜브와 마찬가지로 자신이 원하는 콘텐츠를 생산하면 해당 콘텐츠의 키워드에 적합한 임의의 광고를 통해 수익을 얻는다고 생각하면 된다.

두 번째로 포털 제휴마케팅은 대부분 노출형 광고와 클릭형 광고가 같이 있다. 즉, 노출만으로도 수익을 얻을 수 있고, 클릭이 발생하면 더 많은 수익을 얻을 수 있다. 하지만 실제로 블로그를 통해 얻는 대부분의 광고 수익은 CPC(클릭)로 나온다.

세 번째로 포털 제휴마케팅 플랫폼은 포털에서 정식으로 지원하는 서비스라서 각 포털에서 광고로 인해 제재를 받을 확률이 거의 없다. 모든 포털은 공통적으로 광고와 같은 상업성 글을 좋아하지 않는다는 특성이 있는데, 이런 상황에서 광고를 제공하는 포털 서비스의 이용은 광고 행위 자체를 보호받는 일이라 굉장한 어드밴티지를 얻는 것이다.

네이버 애드포스트

네이버 애드포스트는 2009년부터 네이버에서 정식으로 지원하는 광고 플랫폼이다. 광고주가 네이버에 광고를 등록하면 자사 서비스로 송출해주는 방식으로, 블로그를 기준으로 네이버 블로그만 이 광고를 게재할 수 있다. 통상적인 광고 단가가 매우 낮은 편이며, 회사가 정한 기준에 따라 분배된다는 안내만 있을 뿐 정확한 수익 배분은 공개하지 않고 있다.

구글 애드센스

구글 애드센스는 2003년부터 구글에서 정식으로 지원하는 광고 플랫폼이다. 전 세계에서 가장 많은 광고가 등록되어 있으며, 광고주가 구글 애드(Google ads)에 광고를 등록하면 애드센스에서 등록된 블로그로 광고를 송출해주는 방식이다. 웹사이트 광고뿐만 아니라 유튜브 광고도 구글 애드센스에 속하며, 해외기업인 만큼 모든 수익을 달러로 지급해주는 특징이 있다. 수익 배분은 68:32로, 광고 단가가 100달러라고 하면 그중 68달러를 개인 마케터가 갖게 되는 구조라 다른 광고 플랫폼과 비교했을 때 수익이 높은 편이다.

다음카카오 애드핏

카카오 애드핏은 가장 늦게 출시된 광고 플랫폼으로 2019년부터 지원하고 있다. 원래 이름은 다음 애드핏이었지만, 2020년부터 카카오 애드핏으로 바뀌었다. 구글 애드센스와 마찬가지로 자사 서비스뿐만 아니라 HTML 수정이 가능한 다른 웹사이트에서도 카카오 애드핏 광고를 게재하는 것이 가능하다. 그리고 애드핏은 CPM 광고 단가가 비교적 높다는 특징이 있다.

기타 제휴마케팅 플랫폼

포털 외에도 광고주와 마케터를 연결해주는 다양한 플랫폼이 있다. 그리고 이러한 플랫폼은 대부분 CPA, CPS, CPI로 이루어진 성과형 광고를 제공하는데, 대표적으로 링크프라이스, 리더스 CPA, 쿠팡 파트너스, 데이블, 애드픽, 텐핑 등이 있으며, 해외에서는 아마존 어필리에이트 등이 있다.

이러한 기타 제휴마케팅에는 몇 가지 특징이 있는데, 첫 번째로 내가 홍보하고자 하는 서비스나 상품을 선택할 수 있어 그에 맞는 최적의 타깃을 선정할 수 있다는 점이다. 예를 들어 내가 패션 용품을 홍보하고 싶다면 패션 관련 커뮤니티나 블로그 등을 활용할 수 있고, 유아용품을 홍보하고 싶다면 맘카페에 홍보하면 된다. 타깃을 분명히 정하고 마케팅을 하기 때문에 행동 유도 전환율은 더욱 상승할 수밖에 없다.

두 번째로 제휴마케팅은 플랫폼을 가리지 않는다. 링크로 이루어진 광고 형태라서 링크를 게재할 수 있다면 그 어느 플랫폼에서라도 활용이 가능하다. 예를 들어 제품을 리뷰하는 유튜버라면 기본적으로 생각하는 수익원은 동영상 광고와 협찬이 있다. 하지만 제휴마케팅을 이용한다면, 꼭 협찬이 아니더라도 내가 리뷰하는 콘텐츠에 해당 상품의 링크를 게재하는 방식으로도 수익을 얻을 수 있다. 이렇듯 링크를 게재할 수 있다면 블로그, 유튜브, 커뮤니티, 심지어 뉴스 기사의 댓글 창조차 활용할 수 있는 게 특징이다. 그러므로 내가 안전하게 홍보할 수 있는 공간을 마련하고, 전환율을 올릴 수 있는 아이디어를 떠올리는 것이 이 광고의 핵심이라고 할 수 있다.

〈이베이 제휴 프로그램〉

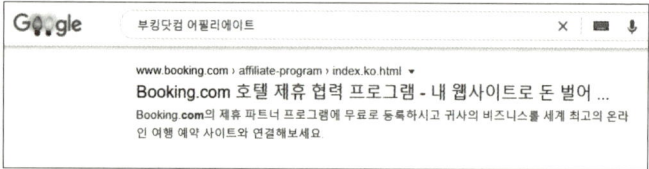

〈부킹닷컴 제휴 프로그램〉

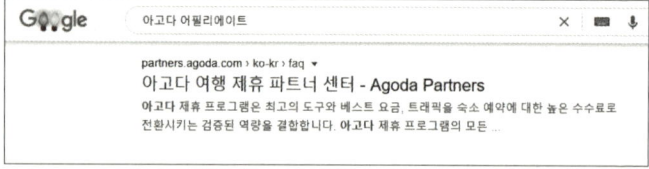

〈아고다 제휴 프로그램〉

마지막으로 앞서 소개한 플랫폼 외에도 머천트가 직접 운영하는 제휴 프로그램이 존재하는데 그만큼 우리가 선택할 수 있는 광고의 종류는 무수히 많다. 예를 들어 인터넷 서핑을 하다 보면 호텔 예약 사이트나 쇼핑몰의 할인 쿠폰을 제공한다며 링크를 게재하는 글들이 있다. 이 말은 곧 해당 광고를 제공하는 광고 플랫폼이나 머천트의 제휴 프로그램이 있다는 의미다. 이처럼 제휴마케팅 플랫폼에서 진행하지 않는 새로운 광고를 하고 싶다거나 경험 차원에서 이들을 접해보고 싶다면 쉽게 알아볼 수 있는 방법이 있다. 위 이미지에서 보듯이 업체명 뒤에 어필리에이트, 머천트, 파트너 등을 입력하면 된다.

지금쯤이면 당신에게 기타 제휴마케팅 플랫폼에 대한 내용이 어렵게 느껴질지도 모르겠다. 그러나 이는 익숙함과 생소함에서 오는 인지 능력의 차이일 뿐이니 너무 낙심하지 말기 바란다. 네이버, 구글, 다음카카오 플랫폼은 단지 많이 접해봤기 때문에 쉽게 생각하는 것이다. 핵심은, 인터넷 광고의 대부분을 당신도 쉽게 할 수 있다는 사실이다. 그리고 이러한 서비스를 이용하기 전에 꼭 알아야 할 게 있다. 첫 시작은 쿠팡 파트너스처럼 규모가 있는 광고 플랫폼에서 시작하는 게 좋다.

규모가 작을수록 커미션이 더 많다는 장점이 있지만, 그만큼 불안정한 요소가 많다. 실제로 내가 홍보하던 업체가 중간에 사라지거나 성과를 조작 또는 누락하는 등, 온갖 이유로 수익금을 지급받지 못했던 상황도 경험한 적이 있다. 반면 규모가 큰 곳은 커미션이 조금 낮지만, 브랜드 이미지가 있기 때문에 부당한 상황이 발생할 확률이 적다. 초보자 입장에서 광고 외에 불필요한 부분들을 신경 쓰지 않아도 된다는 건 큰 장점이다.

딱, 아는 만큼 보인다

블로그 서비스의 종류와 특징

블로그라는 단어를 들었을 때 가장 먼저 떠오르는 이미지는 단연 초록색 로고의 네이버 블로그다. 네이버 블로그는 국내에서 압도적인 점유율을 보이는 포털사이트 네이버의 메인 서비스로 블로그에 대해 잘 모르는 사람들도 그 존재를 알고 있을 정도다. 그래서 블로그라는 명칭 자체가 네이버 블로그를 뜻한다고 생각하는 사람도 더러 있다. 하지만 블로그에 대해 조금만 알아보면 더 다양한 블로그 서비스가 있다는 것을 알 수 있는데, 블로그마다 특징이 다르고 그로 인해 선택할 수 있는 광고가 달라질 수 있어서 각각의 장단점을 알아둘 필요가 있다.

네이버 블로그의 장단점

장점
- 국내에서 압도적인 트래픽 점유율을 보인다.
- 사용자가 많은 만큼 정보도 다양하다.
- 초보자도 블로그를 쉽게 꾸밀 수 있다.
- 네이버 검색에서 유리하다.
- 홍보 및 체험단 등 트래픽이 필요할 때 유리하다.

단점
- 전문가가 많다는 것은 양날의 검이 될 수 있다.
- HTML/CSS 편집이 불가능하다.
- 블로그 편집이 제한적이라서 다양한 시도를 할 수 없다.
- 할 수 있는 광고가 제한적이다.

네이버 블로그는 국내 최대 포털사이트인 네이버에서 제공하는 서비스다. 2020년을 기준으로 네이버는 약 58%, 구글은 33%, 다음은 6%의 트래픽 점유율을 보이고 있다. 국내 포털사이트가 공통적으로 자사 서비스를 우대한다는 점을 고려하면, 이는 큰 장점으로 보일 수 있다. 하지만 반대로 우대를 통해 생기는 단점도 존재하는데, 네이버의 정책은 다른 포털과 비교했을 때 상당히 폐쇄적이다. 정보 검색의 경우 자사 서비스 외에 타사의 정보는 거의 노출이 안 되며, 블로그의 경우 HTML 편집처럼 사용자가 창의적으로 구상할 수 있는 부분을 할 수 없도록 설정해놓았다. 무엇보다 광고도 자사 서비스인 애드포스트 외에는 게재할 수가 없어 사용자에게 선택지가 주어지지 않는다.

결론적으로 네이버 블로그는 개인이나 사업을 홍보하는 바이럴 마케팅과 브랜딩에는 분명히 유리하지만, 콘텐츠 광고로 수익을 얻거나 더 큰 수익을 위한 전략적 광고를 시도하기에는 적합하지 않다.

카카오 티스토리의 장단점

장점
- 초보자도 블로그를 쉽게 꾸밀 수 있다.
- HTML/CSS 편집이 가능하다.
- 거의 모든 광고를 게재할 수 있다.

- 구글 애드센스 사용이 가능하다.
- 다음 포털과 카카오톡 검색(#검색)에서 유리하다.

단점
- 다음 포털의 트래픽 점유율이 높지 않다.
- 네이버와 비교해서 오류가 잦다.

티스토리는 다음카카오에서 제공하는 블로그 서비스다. 서비스를 이용하려면 기존에 블로그를 운영하는 사람의 초대장이 있어야 티스토리에 가입하고 블로그를 개설할 수 있었지만, 2018년에 초대장 제도가 폐지되면서 누구나 쉽게 이용할 수 있게 되었다. 지금은 카카오로 통합되면서 티스토리 계정이 아닌 카카오 계정을 사용한다. 티스토리 블로그의 가장 큰 특징은 가입형 블로그임에도 창의적으로 블로그를 운영할 수 있도록 사용자에게 많은 권한을 부여한다는 점이다. 보통 네이버 블로그와 같은 가입형 블로그는 일정 범위 안에서만 블로그를 꾸밀 수 있는데, 티스토리는 스킨 제작 능력이 있다면 직접 스킨을 제작하는 것은 물론이고 개발자가 만든 스킨을 다운받아서 설치할 수 있다. 그뿐만 아니라 이미 만들어진 스킨에서 HTML/CSS 편집을 통해 사용자의 취향대로 다시 수정하는 것도 가능하다.

그래서 블로그를 홈페이지처럼 사용하는 등 다양한 용도로 사용할 수 있다. 물론 이러한 부분 때문에 티스토리는 초보자가 이용하기 어렵다는 인식도 생기게 되었는데, 이건 필수가 아닌 선택 사항이다. 사용자의 블로그 구성 능력에 따라 조금 더 짜임새 있는 블로그 형식을 만들 수 있다는 것뿐이지, 티스토리에서 제공하는 다양한 기본 스킨과 기능만으로도 충분히 수익은 달성할 수 있다.

〈티스토리 광고 연동〉

티스토리는 다른 광고 플랫폼과의 연동을 적극적으로 지원하고 있다. 자사에서 제공하는 카카오 애드핏 외에도 구글 애드센스와 연동할 수 있는 기능을 정식으로 지원하고 있으며, 앞으로 데이블과 텐핑도 연동될 예정이다. 이렇게 타 플랫폼과 연동을 지원한다는 것은 아주 큰 장점이라고 이야기할 수 있다. 앞서 이야기했던 것처럼 모든 포털은 공통적으로 광고 콘텐츠를 별로 좋아하지 않는다. 광고는 무수히 많은 스팸 콘텐츠가 되고 포털에 이익이 없기 때문이다.

그래서 광고를 게재하는 행위만으로도 제재 대상이 되는 경우가 있는데, 이렇게 정식으로 광고의 연동을 보장한다는 것은 안전하게 수익을 올릴 수 있다는 말과 같다. 광고를 자유롭게 할 수 없다는 점이 네이버 블로그의 가장 큰 단점이었는데, 티스토리에는 사용자의 니즈를 정확히 파악해 적극적으로 수용하고 있다고 생각한다.

하지만 이러한 티스토리도 치명적인 단점이 있는데, 그건 바로 티스토리의 모체가 된 다음 포털의 점유율이 약 6%밖에 되지 않는다는 것이다. 물론 티스토리의 콘텐츠도 다른 포털에서 검색되기는 하나, 국내 포털사이트들이 자사 서비스를 우대하는 경향이 있다는 것을 생각하면 아쉬운 점이 많다. 다행히 우리가 많이 사용하는 카카오톡에서 다음 검색 기능을 제공하고 있어 앞으로 이런 단점을 개선할 수 있을지 지켜볼 필요가 있다. 결론적으로 티스토리는 콘텐츠 광고가 목적이라면 적합한 서비스이지만, 트래픽이 필요한 인플루언서나 바이럴 마케팅을 목적으로 한다면 적합하지 않다.

초심자를 위한 리남의 보충수업
〈수익형 블로그 어디서 만들까?〉

워드프레스의 장단점

장점
- 서비스 제재를 받지 않아 자유롭다.
- 구글 검색에서 유리하다.

단점
- 웹사이트 제작 능력이 필요하다.
- 지속적인 관리가 필요하다.
- 초기 비용이 발생한다.
- 노출의 기반이 되는 포털사이트가 존재하지 않는다.

워드프레스는 웹사이트를 제작할 때 이용하는 오픈소스 콘텐츠 관리 시스템이다. 그래서 쇼핑몰, 커뮤니티, 홈페이지, 블로그 등 자신의 용도에 맞는 웹사이트를 제작할 수 있다. 워드프레스를 사용하기 위해서는 웹사이트 제작 능력이 필요하며, 도메인 구매와 호스팅 비용이 발생한다. 쉽게 말해 내가 사용하려는 사이트 주소의 비용을 지불해야 하며, 내가 글을 작성하거나 사진을 첨부할 때의 용량과 방문자가 내 사이트에 들어와서 콘텐츠를 볼 때 발생하는 데이터의 비용을 모두 지불해야 한다. 즉, 초기 비용과 관리 비용이 필요하다는 말이다.

서비스명	10G 광아우토반 Full SSD 플러스					10G 자이언트 플러스
	절약형	일반형	비즈니스	퍼스트클래스	자이언트	
하드용량 웹/스트리밍/CDN	700M 500M/100M/100M	1.4G 1000M/200M/200M	4G 3G/500M/500M	8G 6G/1G/1G	14G 10G/2G/2G	14G 10G/2G/2G
트래픽용량 웹/스트리밍/CDN	1.6G 800M/400M/400M	2.5G 1500M/500M/500M	6.5G 3.5G/1.5G/1.5G	14.5G 7.5G/3.5G/3.5G	34G 14G/10G/10G	웹 500G/월 스트리밍 10G / 일 CDN 10G / 일
사양 안내	일반적인 웹 공간만을 제공하는 타사와 달리 스트리밍 & CDN 서비스를 무료로 추가 제공하여 사실적 용량증가 효과 및 고급 서비스를 무료로 사용할 기회를 드립니다.					스트리밍/CDN이란?
DB	서버 공간 내 무제한 (PHP 7.x : MariaDB / 그외 : MySQL DB)					
추가 DB옵션 제공	PgSQL				자세히 보기	미제공
POP 메일 계정	3개	10개	30개	30개	30개	50개
도메인 추가연결	1개	2개	5개	8개	10개	20개
서브 도메인	미지원	미지원	미지원	20개	30개	50개
프로그램 자동설치	WordPress XE GNUBOARD KIMSQ TEXTCUBE					
UTF-8	utf-8 전용 서버 지원 (서비스신청 시 선택 가능)					
설치비	5,000원	11,000원	11,000원	11,000원	11,000원	11,000원
월 사용료	500원	1,100원	5,500원	11,000원	22,000원	33,000원
	신청하기 +	신청하기 +	신청하기 +	신청하기 +	신청하기 +	신청하기 +

〈카페24 호스팅 사용료〉

• 도메인 검색결과				
☑	도메인	기간	금액	등록여부	기타
☑	reviewyojung.com	2년 ∨	44,000 원/2년	등록가능	
☑	reviewyojung.kr	2년 ∨	44,000 원/2년	등록가능	
☑	reviewyojung.co.kr	2년 ∨	44,000 원/2년	등록가능	
☑	reviewyojung.net	2년 ∨	44,000 원/2년	등록가능	
☑	reviewyojung.org	2년 ∨	44,000 원/2년	등록가능	
☑	reviewyojung.or.kr ?	2년 ∨	44,000 원/2년	등록가능	
☑	reviewyojung.닷컴	2년 ∨	44,000 원/2년	등록가능	
☑	reviewyojung.닷넷	2년 ∨	44,000 원/2년	등록가능	
☑	reviewyojung.coffee	2년 ∨	74,800 원/2년	등록가능	
☑	reviewyojung.house	2년 ∨	74,800 원/2년	등록가능	

〈카페24 도메인 사용료〉

워드프레스는 개인 홈페이지이기 때문에 서비스의 제재를 받지 않아 저품질이 없다는 인식이 있는데, 이건 완전히 잘못된 정보다. 예를 들어 내가 유해 콘텐츠를 제작한다고 가정해 보자. 제작한 유해 콘텐츠를 네이버나 티스토리 블로그에 업로드한다면 서비스의 계정 정지나 폐쇄 제재를 받을 수 있다. 하지만 워드프레스는 어떠한 서비스를 이용하는 게 아니라, 직접 비용을 들여 제작하는 것이기 때문에 이러한 제재는 받지 않는다.

하지만 포털 검색은 별개의 문제로 봐야 한다. 서비스 자체에 대해서는 제재를 받지 않지만 유해 콘텐츠로 인한 검색 제한은 발생한다. 따라서 워드프레스를 안전하기보다는 자유롭다고 보는 게 맞다. 무엇보다 워드프레스는 특정 포털에서 지원하는 서비스가 아니라서 특별히 유리한 포털이 존재하지 않는다. 구글은 특정 서비스를 우대하지 않고 공평하게 검색 결과를 제공하고 있기 때문에, 검색엔진 최적화(Search Engine Optimization, SEO) 지식과 그걸 구현할 능력을 갖추고 있다면 구글 검색에서 유리해질 수 있다. 하나부터 열까지 모두 자신이 직접 관리할 수 있기 때문이다.

그러나 이 장점은 곧 단점이 될 수도 있다. 네이버 블로그나 티스토리의 경우 서버 관리는 모두 서비스 자체적으로 이루어지는 만큼, 블로그 속도나 점수가 어느 정도 평균적인 수치를 유지한다. 하지만 워드프레스의 경우 이런 관리 능력이 없어 오히려 불리하게 작용할 수밖에 없는데, 실제로 수많은 워드프레스 유저가 사이트 속도가 느리다며 불편을 호소하는 경우가 많다. 즉, 워드프레스 운영은 자신의 능력에 따라 장점이 될 수도 있고, 단점이 될 수도 있다.

결론적으로 나는 초보자에게 워드프레스를 추천하지 않는다. 적극적으로 밀어주는 포털이 없기 때문에 성장이 더디며 재미를 느끼기 어렵다는 게 첫 번째 이유이고, 트래픽이 발생하는 만큼 비용이 추가되기 때문에 수익화 능력이 부족하다면 오히려 적자를 볼 수 있다는 게 두 번째 이유다. 마지막 세 번째로 사이트 제작이 익숙하지 않은 사람에게는 웹사이트 개설이 매우 어려우며, 사이트 전체가 영어로 되어 있어 접근성이 낮다.

블로그로 이미 수익을 얻고 있거나 성공에 대한 확신을 갖고 운영하는 사람들은 당연히 꾸준함을 유지할 수 있겠지만, 초보자는 절대 그렇지 않다. 그래서 첫 시도에 원하는 만큼의 수익을 얻지 못한다면, 블로그 유지 비용을 지불할지 말지 매년 고민하게 될 것이 분명하다. 만약 유지하지 않겠다고 결정하면 그동안의 노력이 모두 사라지게 되기 때문에 초보자에게는 적합하지 않다고 생각한다.

물론 그렇다고 해서 초보자는 워드프레스를 하지 말라고 강요하는 건 아니다. 워드프레스는 분명 개인의 능력에 따라 장점이 될 수 있는 부분이 많고 가능성도 크다. 다만 어떤 블로그를 하든지 결국 기본은 모두 비슷하고, 한 가지를 배워두면 나중에 다른 플랫폼에도 적용할 수 있다는 점을 고려하자는 것이다. 즉, 달리기 위해서는 먼저 걸음마부터 시작해야 하듯이 조금 더 쉬운 일부터 해보는 게 낫다고 생각한다.

초심자를 위한 리남의 보충수업
〈워드프레스는 정말 저품질이 없을까?〉

애드센스를 선택한 이유

내가 대학생 때, 사업하던 분에게 이런 말을 들은 적이 있다. 바로 "연봉 1억은 그리 어렵지 않아. 너도 할 수 있어"라는 말이었다. 그러나 당시 내가 생각하던 현실적인 월급은 200만 원에서 500만 원 사이로, 연봉 1억은 사실상 도달하기 어려운 숫자라고 생각했다. 그야말로 '억' 소리 나는 억대 연봉은 특별한 사람만 가능하다고 생각했기 때문이다. 그래서 내가 온라인 마케팅에 뛰어들 때 역시 월 1000만 원을 벌 수 있으리라고는 꿈에도 생각하지 못했다. 애초에 1억 원은 나에게 너무 과분한 숫자였고, 내가 그저 원했던 건 좋아하는 일을 하며 소소하게 사는 게 전부였다.

하지만 나의 이런 생각은 제휴마케팅을 시작하며 산산조각이 났다. 특별한 능력 없이는 절대 불가능하다고 여겼던 월 1000만 원의 수익을 달성했기 때문이었다. 당시 내가 생각했던 특별함이란 어떤 한 사람이 쌓아온 견고한 능력이었다. 가령 의대에 가기 위해서는 많은 시간과 노력을 투자해야 하고, 대기업에 취업하려면 많은 스펙을 쌓아 올려야 하는 것처럼, 누구나 알고 있지만 아무나 할 수 없는 그 사람만의 특별함이 성공을 보장한다고 믿었다. 하지만 월 1000만 원의 수익을 달성하고 특별함의 기준은 스스로 만드는 것이라고 생각하게 되었고, 무엇보다 돈에 대한 생각이 많이 변하게 되었다.

이렇듯 나는 바라던 대로 인터넷을 통해 돈을 벌기 시작했는데 그중에서도 제휴마케팅에 더 탁월한 소질을 보였다. 제휴마케팅 전문성이라는 나의 특별함을 찾게 된 것이었다. 그런데 나는 왜 많은 수익을 가져다주는 제휴마케팅이 아닌 구글 애드센스를 선택했을까? 왜 사람들에게 애드센스가 현실적인 부업이라고 강조하는 것일까? 여기에는 몇 가지 이유가 있는데, 결론적으로 인터넷으로 돈을 벌기에 어떤 방법이 더 좋은가라는 물음의 절대적인 답은 존재하지 않는다. 개인이 추구하는 것에 따라 그 결과는 달라질 수 있기 때문이다. 다만, 인터넷으로 돈을 벌 수 있는 방법을 오랜 시간 연구한 결과, 나는 애드센스를 선택할 수밖에 없었다. 그러므로 다음의 내 이야기를 참고해서 당신의 상황에 맞게 잘 판단하면 좋겠다.

현실적인 부업의 선택 기준

나에게 현실적인 부업의 기준은 수익 금액이 아닌 가능성에 있다. 꼭 많은 수익이 아니더라도 성공할 수 있는 확률이 얼마나 높은지를 중요하게 생각한다. 그런 의미에서 초보자에게 제휴마케팅은 난도가 높아 수익을 내기 어려울 수도 있는데, 그 이유는 다음과 같다.

첫째, 구매 유도가 어렵다.

만약 어떤 상품을 광고해야 한다면 소비자를 클릭하게 만드는 것과 구매하게 만드는 것 중에서 무엇이 더 쉬울까? 이에 대한 답은 멀리서 찾을 필요도 없이 광고에 대한 우리의 태도만 봐도 알 수 있다. 어쩌다 광고 배너를 봤을 때 손해 볼 게 없다면 호기심으로 클릭할 수도 있고, 실수로 클릭하는 경우도 있다. 그래서 꾸준히 블로그를 운영한다는 가정하에 포털의 클릭형 광고는 어떻게든 수익이 날 수밖에 없다. 꾸준히만 한다면 100명이 도전해서 100명 모두 성공할 수 있다는 말이다.

반면에 내가 홍보하는 상품을 구매하거나 가입하도록 유도하는 일은 차원이 다른 문제다. 소비자 입장에서는 돈을 지불해야하기 때문에 신중할 수밖에 없고, 인터넷 광고를 통해 무언가를 구매한다는 것에 심리적 거부감이 있을 수 있다. 따라서 성과가 있어야 수익이 발생하는 제휴마케팅은 마케팅 감각이 없다면 100명이 도전해도 단 한 명도 수익을 얻지 못할 수도 있다.

둘째, 많은 시간이 필요하다.

제휴마케팅의 핵심은 내가 마음껏 홍보할 수 있는 공간을 확보하는 것이다. 하지만 모든 포털과 SNS는 공통으로 제휴마케팅 광고를 좋아하지 않는다. 그래서 광고를 게재하는 것만으로는 검색이 안 될 수도 있고, 심하면 단 하나의 광고 게재로 계정을 정지당할 수도 있다. 물론 제휴마케팅은 카페나 커뮤니티 그리고 웹사이트의 다양한 댓글 창을 이용할 수 있는 게 장점이다. 하지만 이것을 가만히 두고 보는 관리자가 거의 없어 어떤 루트가 제휴마케팅이 가능한지 알아내려면 생각보다 이상으로 많은 시행착오를 겪어야만 한다.

셋째, 정보가 공유되지 않는다.

제휴마케팅은 사람들끼리 직접적인 경쟁을 하기 때문에 그만큼 정보가 적다. 포털의 클릭형 광고는 사용자들에게 랜덤으로 배정되어 다양한 글을 작성할 수 있고, 어느 정도 정보가 공유되기는 하지만, 직접적으로 경쟁하지는 않는다. 하지만 제휴마케팅은 특정 상품이나 서비스를 홍보해 행동을 유도

하는 게 중요해서 사용할 수 있는 키워드가 한정적이다. 그뿐만 아니라 경쟁자가 나와 다른 플랫폼을 이용한다고 하더라도 같은 상품을 광고하게 되면 내 수익은 떨어질 수밖에 없다. 실제로 예전에 내가 진행하던 광고와 광고 플랫폼을 지인과 공유한 경험이 있는데, 그때 내 수익은 며칠 만에 반으로 뚝 떨어졌다. 이렇게 수익이 나눠지기 때문에 제휴마케팅은 정보가 잘 공유되지 않아 쉽게 수익을 내기 어렵다.

넷째, 수익이 안정적이지 않다.

앞서 이야기한 것처럼 제휴마케팅은 경쟁자의 증가로 수익에 직접적인 영향을 줄 수 있고, 무엇보다 광고를 지속적으로 확인해야 해서 피로할 수 있다. 예를 들어 지금까지 A라는 업체의 링크를 홍보해왔는데 이 광고가 갑자기 사라지게 된다면, 수익은 그 즉시 없어진다. 또한 머천트가 트래픽을 누락하는 사례도 있어 지속적인 관리가 필요하다.

제휴마케팅이 액티브 인컴(Active Income, 실제 자기가 가진 노동력을 발휘해 얻은 수익)이라면 포털의 클릭형 광고(포털 제휴마케팅)는 패시브 인컴(Passive Income, 광고료나 저작권료와 같이 시간을 쏟지 않아도 자동으로 들어오는 수익)이다. 특정 상품이나 서비스를 직접적으로 홍보하는 것이 아니기 때문에 포털의 제재를 덜 받으며, 블로그 콘텐츠의 지속적인 노출로 꾸준함만 유지한다면 트래픽이 누적되어 점점 더 많은 수익을 얻을 수 있다. 그래서 나는 자면서도 돈을 벌 수 있는 파이프라인을 만들기에 콘텐츠 광고를 이용하는 블로그가 적합하다고 생각한다.

그리고 유튜브 광고를 보면 알 수 있듯이 콘텐츠 광고는 내가 어떤 콘텐츠를 생산하든(설령 일기를 작성한다고 하더라도) 광고가 자동으로 송출되기 때문에 사용자가 광고와 관련해서 신경 쓸 게 거의 없다. 무엇보다 대형 포털에서 제공하는 서비스인 만큼 안전성이 보장되어 직장인도 할 수 있는 현실적인 부업으로 강력하게 추천한다. 실제로 나는 블로그 수익이 안정되어 여러 가지 일에 도전할 수 있게 되었다. 이를테면 CLASS101 강의를 한다거나 언론 인터뷰, 책 집필 등을 하게 되었는데 이는 모두 안정된 수익이 있었기 때문에 가능했다. 심지어 잠을 자는 동안에도 내 블로그는 알아서 돈을 벌어다 주고 있다. 내가 일하지 않아도 안심하고 다른 일에 몰두할 수 있는 기반을 얻게 된 것이다.

하지만 그렇다고 해서 제휴마케팅이 포털의 콘텐츠 광고보다 무조건 좋지 않다는 말은 아니다. 처음 시작하는 초보자가 접근하기에 허들이 높을 뿐이지 개인의 능력에 따라 큰 수익을 얻을 수 있기 때문에 언젠가 제휴마케팅도 꼭 한 번 도전해보길 바란다. 다만 너무 막연한 도전보다는 현실적으로 가능한 일부터 달성하는 게 낫기에 제휴마케팅은 온라인 마케팅 경험이 충분히 쌓였을 때 도전해도 늦지 않다. 어차피 블로그를 이용해 파이프라인을 구축할 계획이라면, 제휴마케팅 콘텐츠에도 포털의 클릭형 광고가 송출되므로 포털의 광고부터 먼저 배워두면 무조건 이득이 될 것이다.

네이버 애드포스트의 한계

포털 제휴마케팅은 수익 창출을 목적으로 한다면 꾸준히 유지하는 게 중요한데, 끈기만 있다면 실패하기 어려운 부업이다. 노출형과 클릭형 광고가 섞여 있어 콘텐츠를 생산하고 트래픽만 발생한다면 어떻게든 수익이 나기 때문이다. 포털 광고 플랫폼으로 잘 알려진 네이버 애드포스트와 구글 애드센스, 카카오 애드핏 중에서 어떤 플랫폼으로 시작하는 게 좋을지 고민될 수 있다. 성공적인 부업을 위해 비교해봐야 할 점은 기대 수익과 성장성이다. 그리고 비교 끝에 내가 내린 결론은 애드센스였는데 그 이유는 다음과 같다.

첫째, 사용자의 창의성 발휘가 가능하다.

네이버 애드포스트는 사용자가 더 많은 수익을 올리기 위해 직접 할 수 있는 게 거의 없다. 예를 들어 구글 애드센스는 광고 종류, 광고 크기, 광고 폰트, 광고 색상 등 사용자의 의도에 따라 다양한 커스텀이 가능하고, HTML과 CSS 편집을 하는 등 다양한 시도를 해볼 수 있다. 그러나 네이버 애드포스트는 광고와 관련해서 사용자가 할 수 있는 게 거의 없어 면밀한 분석과 테스트가 어렵다.

둘째, 광고의 위치를 확인할 수 있다.

구글 애드센스는 사용자가, 자신이 작성한 글(콘텐츠)의 어떤 위치에라도 원하는 만큼 광고를 넣을 수 있다. 그리고 내가 광고 위치를 알고 있기 때문에 클릭을 유도하기 위한 다양한 아이디어를 적용할 수 있다. 글의 앞과 중간 그리고 마지막에 광고를 위치시키고 클릭률을 비교하면서 나름의 데이터를 확보할 수 있는 것이다. 반면에 네이버 애드포스트는 광고가 랜덤으로 송출되어 사용자가 이러한 시도를 할 수 없다. 아직 블로그를 시작하지 않은 사람들은 이 말이 크게 와닿지 않을 수도 있다. 하지만 광고가 내 글의 어느 위치에 노출될지 아는 것과 모르는 것에는 엄청난 차이가 있다. 수익을 상승시키는 일종의 패턴을 알게 되기 때문이다.

셋째, 마케터(사용자) 중심으로 발전한다.

구글 애드센스는 자사의 서비스를 이용하는 마케터를 위한 지속적인 분석을 축적해왔다. 그래서 광고와 콘텐츠가 한데 어우러지도록 광고 형태를 마케터 중심으로 계속 발전시켰다. 반면 네이버 애드포스트는 광고와 콘텐츠가 이질감이 있어 클릭률이 비교되지 않을 정도로 낮다.

넷째, 큰 수익을 얻을 가능성이 크다.

구글 애드센스와 네이버 애드포스트의 조회수 대비 수익을 비교했을 때 구글 애드센스의 수익이 훨씬 높다. 물론 네이버의 트래픽이 애드센스보다 우세해 초보자의 수익은 비슷했다. 하지만 이 말은 곧 내가 티스토리에서 트래픽을 모을 수만 있다면 애드포스트와는 비교도 안 되는 수익을 얻게 됨을 뜻한다. 이처럼 애드센스는 광고 효율을 높일 수 있는 다양한 시도가 허락되기 때문에 수익에서 큰 차이가 생길 수밖에 없다.

다섯째, 광고의 수익 배분이 크다.

네이버 애드포스트는 수익 배분이 어떻게 되는지 공개하지 않고 있으며, 클릭 수 대비 수익을 봤을 때 단가가 매우 낮다. 그래서 사용자에게 지급하는 광고 수익의 비율이 매우 적을 것으로 예상한다. 반면 애드센스는 광고 수익의 68%를 블로거에게 지급해 평균 단가가 높다.

네이버 애드포스트는 블로그를 통해 돈을 벌 수 없다는 인식을 만들었다고 생각한다. 파워블로그 열풍이 불며 많은 사람이 도전했는데 그중에서는 일일 방문자 수 만 명 이상의 블로그로 성장한 사람도 많았다. 하지만 그런데도 애드포스트의 수익은 하루 몇천 원에서, 많아야 몇만 원으로 낮은 수준이었다. 이로 인해 사람들에게 블로그는 돈이 되지 않는다는 인식을 심어주게 되었다. 나는 이런 과정을 직접 경험했기 때문에 수익을 목적으로 네이버 블로그를 선택하는 것은 굉장히 비효율적이라고 생각한다.

가능성을 판단하는 기준

카카오 애드핏은 CPM 단가가 높고, 구글 애드센스는 CPC 단가가 높은 편이다. 따라서 카카오 애드핏과 구글 애드센스를 비교하고자 한다면 노출형 광고와 클릭형 광고의 차이에 대해 생각해볼 필요가 있다.

노출형 광고(CPM)

- 광고가 조회되면 수익이 발생한다.
- 평균 단가가 비교적 비슷하다.
- 트래픽과 수익이 어느 정도 비례한다.

클릭형 광고(CPC)

- 광고가 클릭되면 수익이 발생한다.
- 광고에 따른 단가가 매우 다르다.
- 트래픽과 수익이 거의 비례하지 않는다.

만약 클릭이 하나도 이루어지지 않는다고 가정한다면 조회만으로 수익을 얻을 수 있는 CPM 광고가 수익 창출에 유리하다. CPC는 클릭이라는 행동이 발생해야 수익이 생기기 때문이다. 반면 CPC 광고의 단가는 CPM보다 높은 만큼 클릭만 발생한다면 CPC 광고가 수익 창출에 유리해질 수 있다. 그리고 이러한 수익이 얼마나 발생할지 예측해볼 수 있는데, 이때의 기준이 광고 RPM(광고가 1000번 노출되었을 때의 수익)이다.

노출형 광고 수익 예측 조건

- 블로그 방문자 수 5000
- RPM 0.2~1달러

> **클릭형 광고 수익 예측 조건**
> - 블로그 방문자 수 5000
> - RPM 예측 불가능

　노출형 광고는 트래픽 외의 변수가 다양하지 않아서 RPM이 보통 비슷한 편이다. 그리고 유튜브 광고를 제외하면 대부분은 단가가 낮아 0.2~1달러 사이에서 결정된다. 따라서 일일 방문자 수가 5000명이라고 가정한다면 하루 수익은 최대 1~5달러가 되며, 월 수익은 30~150달러, 한화로는 3만 3000원에서 16만 5000원 정도가 된다. 그러므로 카카오 애드핏은 광고 게재 위치를 자유롭게 설정할 수 있지만, 그 외에는 할 수 있는 게 거의 없어 많은 수익을 올리고자 한다면 트래픽을 늘리면 된다.

　그렇다면 애드센스는 어떨까? 클릭형 광고는 수많은 변수가 있기 때문에 평균적인 RPM을 계산하기 어렵다. 블로그마다 그리고 콘텐츠마다 클릭률이 다르고, 광고도 매번 다르게 출력되어 단가도 달라지기 때문이다. 내가 처음 애드센스를 시작했을 때 평균이라고 들었던 RPM은 약 1~5달러였다. 이는 방문자 수가 하루 5000명이라고 가정했을 때, 하루 수익은 최대 5~25달러가 되며, 월 수익은 150~750달러, 한화로는 16만 5000원에서 82만 5000원이 된다.

    나는 첫 목표를 월 30만 원으로 설정하고 시작했다. 하지만 결과적으로 클릭형 광고는 다양한 변수가 존재하기 때문에 이렇게 목표 수익을 정한다는 것 자체가 의미 없다. 내가 처음 유튜브에서 블로그 수익을 공개를 했을 때의 RPM은 24달러였다. 지금은 30달러가 넘는 수준으로 유지되고 있는데, 클릭형 광고는 개인 능력에 따라 RPM 수치가 달라져 트래픽과 수익이 반비례해 예상 수익을 예측하기 매우 어렵다.

〈애드센스 예상 연수익 – https://www.google.com/adsense/start/#calculator〉

하지만 사람의 궁금증이라는 게 어디 쉽게 해소되겠는가. 무의미하지만 어느 정도의 수익 예상을 해보고 싶다면 구글 애드센스에서 제공하는 예상 연수익 페이지를 이용해볼 수 있다.

예상 수익은 카테고리(주제)에 따라 달라질 수 있다. 그래서 나는 중간 수치의 카테고리를 선택했는데, 일일 방문자 수 5000명을 기준으로 연 1만 9926달러, 즉 구글 애드센스에서 보는 추정 RPM은 약 11달러이다. 여기서 중요한 건 금액이 아니라 수익 계산을 통해 노출형 광고인 카카오 애드핏보다는 클릭형 광고인 구글 애드센스의 효율이 높다는 사실을 알아채는 것이다. 가능성이나 실제 평균 수익을 보더라도 구글 애드센스는 국내 포털 제휴마케팅과는 수익 면에서 비교가 되지 않는다. 결론적으로 애드센스와 애드핏 중에 무엇을 시작할 것인가에 대해서는 깊이 고민할 필요가 없다. 네이버 블로그는 애드포스트 외에는 할 수 있는 게 없지만, 티스토리와 워드프레스는 광고를 자유롭게 게재할 수 있어 카카오 애드핏과 구글 애드센스를 동시에 진행하는 게 가능하다. 즉, 둘 다 해보고 효율이 높은 쪽을 선택하면 된다.

이렇게 두 개의 광고를 비교한 이유는 노출형 광고와 클릭형 광고의 차이를 이야기하기 위해서다. 앞으로 또 다른 플랫폼이 출시되었을 때 이런 식으로 가능성을 판단할 수 있다는 점을 알아두고, 지금은 애드센스의 효율이 높아서 이용하고 있을 뿐, 애드센스 자체가 능사가 아니라는 점을 꼭 기억해두었으면 좋겠다. 계속해서 변화하는 인터넷 시장에서 살아남기 위해서는 특정 플랫폼에 얽매여서는 안 된다. 인터넷에서 효율적으로 돈을 벌기 위해 우리는 특정 서비스의 블로거가 아닌 노마드(유목민) 마케터가 되어야 한다.

아는 것과 모르는 것의 차이

내가 수익형 블로그로 돈을 버는 방법을 소개했을 때 사람들의 반응은 크게 세 가지로 나뉘었다. 하나는 정보를 알려줘서 감사하다는 반응, 다른 하나는 거짓말이라며 믿지 않는 반응, 마지막은 아깝게 이걸 왜 공개하느냐는 반응이었다. 실제로 돈을 주제로 콘텐츠를 제작하는 사람들, 그리고 대중적으로 잘 알려지지 않은 분야에서 성공해 자신의 스토리를 알리는 사람들이 꼭 한 번씩 겪는 상황이 있는데, 바로 사기 의혹이다.

나도 한동안 사기 의혹에 시달렸다. 일면식도 없는 타인의 비난을 가만히 보고 있자니 아는 만큼 보인다는 말이 뼈저리게 느껴졌다. 물론 의심이 잘못된 행동은 아니다. 사람이 사람을 도구로 이용하는 추태는 흔하고, 특히 인터넷에서는 익명성을 이용한 악질적인 행태가 많기 때문이다. 지금은 여러 번의 수익 인증과 인터뷰, CLASS101 강의 등으로 의혹은 사라졌지만, 내가 처음 수익형 블로그를 알리기 시작했을 때만 하더라도 블로그로 직장인 정도의 월급을 버는 건 불가능하다는 의견이 많았다.

그런데 재미있는 건 그 반대 의견도 많았다는 점이다. 이미 블로그를 통해 돈을 벌고 있던 사람들은 댓글과 이메일을 통해 이런 걸 공개하면 파이가 줄어들고, 자칫 다 같이 망할 수 있다며 나에게 여러 차례 경고했다. 나는 이런 상황을 겪으며 블로그가 여전히 기회의 땅이라고 확신하게 되었다. 누군가는 알려지길 원치 않고, 누군가는 알 필요도 없다고 여긴다면 그게 레드오션일 리 없으니 말이다.

마케팅을 처음 시작했을 때 나도 불필요한 것에 관심을 가져 많은 시간을 허비했다. 그래서 맹목적으로 무언가를 믿기보다는 약간의 경계심을 갖는 게 더 현명하다고 생각한다. 다만 내가 강조하고 싶은 점은, 합리적인 의심이란 내가 무언가를 알았을 때야 비로소 가능하다는 것이다. 의심되면 알아보면 된다. 하지만 제대로 알지 못한 채 자신의 경험만을 근거로 무언가를 단정 짓는다면 두 눈과 귀를 막는 일과 다름없다. 자, 이제 당신은 인터넷으로 돈을 벌기 위해 꼭 필요한 정보들을 알게 되었다. 이제는 조금 더 근본적인 이야기를 시작해보자.

손해를 보지 않기 위해 필요한 것

우리가 기초라고 알고 있는 정보들은 사실 기초가 아닐지도 모른다. 이게 무슨 말이냐면, 정보라는 건 내용을 이해하는 순간 당연한 이야기가 되지만, 모르고 있을 때는 그 어떤 것도 얻을 수 없기 때문이다. 실제로 블로그 강의를 하다보면 "내가 뭘 모르는지도 모르겠어요"라고 고민을 털어놓는 경우도 있는데, 별거 아닌 것처럼 느껴지는 기초가 결과적으로 아주 큰 차이를 만들어낸다.

광고의 유통 단계
- A) 머천트 → 마케터
- B) 머천트 → 제휴마케팅 플랫폼 → 마케터
- C) 머천트 → 제휴마케팅 플랫폼 → 마케터 → 아르바이트

예를 들어 1부에서 나는 인터넷 댓글 아르바이트를 해본 경험이 있다고 말했다. 그때는 제휴마케팅에 대한 지식이 없어 큰 손해를 보게 되었는데, 제휴마케팅의 존재와 광고의 유통 단계, 광고를 찾는 방법을 몰라서 A단계나 B단계가 아닌 C단계로 일을 했던 게 화근이었다. 애초에 내가 하청을 맡은 것인지조차 몰랐으며, 그 마케터가 광고주라고 착각했다. 이런 나와는 반대로 이미 여러 기초 정보들을 알고 있던 C단계의 마케터는 아무것도 하지 않은 채 내가 벌어들인 수익의 90%

를 가져갔다. 만약 그 마케터가 나 같은 사람을 10명 이상 구했다면 그 수익은 상상을 초월했을 것이다.

그런데 당하는 사람은 이걸 알아채기 힘들다. 이건 우리가 생각하는 댓글 아르바이트의 실제 수익만 봐도 알 수 있는데, 일반적으로 유튜브나 블로그 등을 통해 소개되는 댓글 아르바이트의 수익은 몇백 원에서 몇천 원으로 알고 있다. 이건 비단 댓글 아르바이트뿐만 아니라 블로그 등 다른 SNS에서의 협찬도 마찬가지다. 나중에 광고를 하다 보면 알게 되겠지만, 이는 정말 말도 안 되는 광고 단가다.

이제는 블로그 관련 정보가 많이 보편화되었음에도 이런 내용을 모르는 사람이 많다. 그러니 여전히 당할 수밖에 없는 것이다. 즉, 인터넷으로 일을 하며 손해를 보지 않으려면 이런 기초 정보를 중요하게 생각해야 한다.

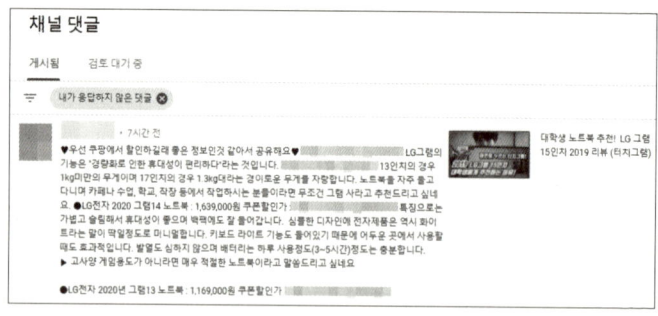

〈유튜브 채널에 올라온 댓글 광고〉

만약 아르바이트가 아니라 본인이 직접 광고를 하는 경우에는 어떨까? 이 사진은 내 유튜브 채널에 댓글로 올라온 게릴라 마케팅 광고다. 링크를 보면 쿠팡 파트너스로 보이는데 163만 9000원짜리 제품을 판매하고 있다. 쿠팡 파트너스의 커미션은 3%이므로 한 대의 노트북을 판매했을 때 벌어들이는 수익은 대략 4만 9000원이고, 댓글을 복사해 붙여 넣기로 작성한다는 가정하에 다른 채널의 댓글 수까지 고려하면 수익은 더 늘어난다.

여기서 짚고 넘어가야 할 부분은 정보의 차이가 수익의 편차를 만든다는 점이다. 예를 들어 위 노트북을 판매할 때, 커미션이 높은 머천트를 이용하고, 댓글 문구(콘텐츠)를 제작한 뒤 아르바이트를 고용해 더 많은 댓글을 남길 경우 수익은 기하급수적으로 늘어나는 것이다.

이처럼 온라인 마케팅 시장에서 정보력은 아주 큰 차이를 만들어낸다. 우리가 돈이 안 된다고 생각하는 부분들이 의외로 큰돈이 될 수 있다. 그러므로 우리는 손해를 보지 않고 인터넷에서 돈을 벌기 위해 많은 정보를 알아두고 시야를 넓혀야 한다.

노하우를 찾는 방법

노하우는 대량으로 공유되면 더 이상 노하우가 아니다. 모두가 똑같은 방법을 사용하면 다시 원점으로 돌아가기 때문이다. 그래서 진짜 정보는 공개된 장소에서 찾을 수 없고, 스스로 알아내거나 돈을 지불하고 구매할 수밖에 없다. 그리고 이러한 방법을 찾기 위해서는 올바른 방향이 필요한데, 이 방향을 잡기 위해 필요한 것이 바로 기초 지식이다.

> **예시)**
>
> 제휴마케팅을 진행했을 때 내가 업로드한 링크는 유통기한이 있다. 2019년에 노트북을 홍보했다면 2020년이 되었을 때는 효과가 없고, 광고 자체가 사라질 수도 있는 등의 변수도 많다.

예시처럼 제휴마케팅 광고의 유통기한을 알고 있는 경우, 수익을 올리기 위해 유통기한을 늘린다는 방향을 생각해낼 수 있다. 그리고 이러한 방향을 설정했다면 다양한 아이디어를 떠올리고 실행하며 방법을 찾을 수 있게 된다. 실제로 나는 내가 진행하고 있는 광고의 유통기한을 늘리기 위해 개인 도메인을 입힌다는 아이디어를 떠올렸다.

제휴마케팅의 경우 내가 홍보하고자 하는 상품이나 서비스를 선택하면 내 파트너 코드가 들어가 있는 링크가 생성된다. 'https://blog.com'이라는 링크가 생성되었다고 가정했을 때, 이 링크를 통해 광고주가 의도하는 행동 전환이 이루어지면 수익이 되는 것이다. 그렇다면 한 번 남긴 링크를 계속 변경할 수 있다면 어떨까? 도메인을 구입하면 포워딩이라는 기능이 있다. 예를 들어 내가 'https://aaa.com'이라는 도메인을 구매해서 'https://blog.com'과 연결하면 'https://aaa.com' 링크를 클릭했을 때 'https://blog.com'으로 접속되는 것이다. 이 방법을 이용해서 내가 구매한 도메인 링크를 남겨두면, 동일한 링크의 광고 상품을 계속해서 변경할 수 있고, 유통기한이 늘어나게 된다.

노하우를 찾는 과정
- 방향 설정 → 아이디어 → 방법 찾기 → 결과
- 링크의 유통기한을 늘리고 싶다(방향 설정) → 상품 링크가 내 파트너 코드와 연동된다면 개인 주소와 파트너 코드도 연동할 수 있을지 모른다(아이디어) → 검색 및 테스트(방법 찾기) → 제휴마케팅의 유통기한이 늘어났다(결과)

내가 강의에서 항상 강조하는 내용이 있다. 바로 특정 방법이 중요한 게 아니라 정보의 활용이 중요하다는 것이다. 사실 도메인을 이용해서 포워딩을 할 수 있다는 것 자체는 그리 대단한 정보가 아니다. 도메인과 관련된 지식이 있다면 누구나 알 수 있는 내용이고, 인터넷에도 검색만 하면 해당 정보를 쉽게 접할 수 있기 때문이다. 하지만 이러한 활용 방법을 떠올리는 사람은 소수이며, 아이디어를 떠올리기 위해서는 반드시 방향 설정이 필요하기에 기본기를 강조한다. 그럼 이걸 애드센스에 적용하면 어떨까?

대부분의 블로거는 방문자를 늘리기 위해 노력한다. 수익을 올리기 위해서는 많은 트래픽이 필요하다고 생각하는 탓이다. 하지만 앞서 설명했듯 애드센스는 클릭이 발생해야 수익이 생긴다. 이 말은 곧 방문자를 늘리려고 노력할 게 아니라, 클릭이 발생하도록 노력해야 한다는 뜻이다. 물론 트래픽이 중요하지 않다는 말은 아니다. 하지만 블로그에 100명이 방문했을 때 1000명이 방문한 만큼의 효율로 끌어올릴 수 있다면 실제로 1000명이 방문했을 때는 훨씬 더 많은 수익을 얻게 될 것이다.

블로그를 성장시킬 또 다른 방안은 내가 시도해볼 수 있는 일을 찾는 것이다. 티스토리는 HTML/CSS 편집이 가능하므로 수익에 영향을 주는 편집 방식이 있을지 떠올려볼 수 있다. 이뿐만 아니라 광고 배치를 자유롭게 할 수 있기 때문에 여러 가지 배치를 시도해볼 수도 있다. 이처럼 수익을 늘리고자 방문자의 유입만을 고민하는 것과 클릭을 유도하는 것은 지향점이 달라 블로그를 성장시킬 아이디어나 테스트 내용 또한 달라질 수밖에 없고, 그에 따른 결과도 다를 수밖에 없다.

성공한 사람이든 그렇지 않은 사람이든 누구나 처음은 존재한다. 그러나 이후의 방향에 따라 결과가 달라지므로 올바른 방향 설정을 위해 필요한 것을 인지하고 탄탄한 기본기를 익혀야 한다. 이게 바로 내가 생각하는 블로그 성장의 근본적인 방법이다.

노력은 가능하다는 믿음에서 시작된다

목표를 이루기 위해 가장 필요한 게 무엇일까? 모르긴 몰라도 무언가를 이루려면 꾸준히 노력해야 한다는 것은 너무나 당연하다. 그런데 이 꾸준함을 유지하기 위해서는 믿음이 필요하다. 왜냐하면 믿음이 없이는 목표를 향해 나아갈 수 없기 때문이다.

돈을 벌었다는 사람들을 거의 찾을 수 없었던 분야에서 내가 꾸준할 수 있었던 이유는 애드센스의 수익 구조에서 가능성을 보았기 때문이었다. 무엇보다 그간 쌓아온 마케팅 경험 덕분에 할 수 있다는 자신감과 믿음이 생겼다. 많은 어려움도 있었지만 그 믿음이 현실이 되었을 때의 기쁨은 이루어 말로 표현할 수 없을 정도였다. 그런 걸 왜 하고 있느냐는 주변의 멸시를 참으며, 깊은 막막함 속에서 맨땅에 헤딩하는 정신으로 이뤄낸 결과였기에 마침내 증명해냈다는 자부심도 컸다.

아마 그래서였던 것 같다. 예전의 나와 같은 상황에 처한 사람들에게 이런 길도 있다는 것을 알리고 싶었던 이유 말이다. 하지만 나의 선한 의도와는 다르게 사람들의 반응은 싸늘했다. 나는 사람들에게 희망을 주려고 블로그 수익 인증을 유튜브의 첫 콘텐츠로 시작했는데, 뜻밖의 반응이었다. 자신과 주변 사람들의 경험을 근거로 내 수익은 말도 안 된다며 헐뜯은 것이다. 나는 그런 이야기를 하는 사람을 보며 이렇게 되묻고 싶었다. 당신은 얼마나 노력했느냐고 말이다.

노력은 상대적이다. 책상 앞에 앉아 있었다고 해서 모두가 열심히 공부한 것은 아니듯이 같은 상황에서도 누군가는 더 노력할 수 있고, 누군가는 덜 노력할 수 있다. 그리고 노력의 의미 자체가 다를 수도 있다고 생각한다. 나는 하루 중 대부분의 시간을 쏟을 정도로 정말 많은 노력을 했다. 내가 블로그를 시작할 무렵에는 애드센스와 관련된 정보가 거의 없었고, 직장인의 월급만큼 수익을 얻는 사람은 더더욱 없었다. 내 기억에 당시 애드센스로 유명한 대형 블로그가 하나 있었는데, 그 블로그의 수익조차 100만 원이 채 되지 않았던 것 같다.

정보가 거의 전무한 환경에서 나는 가능성만을 믿고 스스로 고민하며 하나하나 실행해볼 수밖에 없었다. 그렇다면 내가 시도했던 것들이 다 성공했을까? 그렇지 않다. 수 개월간의 테스트를 통해 이뤄낸 결과가 무의미할 때도 많았다. 그럼에도 포기하지 않고 잘 안되는 게 있을 때는 끼니도 거르고 잠도 자지 않으며 매달렸다. 당신은 나의 경험을 잘 정리된 문자로 습득하고 있지만, 내가 책 곳곳에서 이야기한 '그건 필요 없다'라는 한마디에는 이러한 실패와 인고의 과정이 고스란히 스며 있다. 그런데 좋은 마음으로 시작한 유튜브에서 그동안의 노력이 깡그리 무시당했으니 얼마나 충격이 컸겠는가.

그때를 회상하면, 내가 보기에 대부분의 블로거는 노력을 하지 않는 것으로 보였다. 돈이 된다는 확신이 없었기 때문에 노력할 필요성도 못 느끼는 듯했다. 그런데 나를 비롯한 몇 명의 사람들이 블로그로 돈을 벌 수 있다는 사실을 지속해서 알리자 분위기가 바뀌었다. 몇 년간 제자리걸음이던 블로그 정보의 질이 높아지면서 지금은 조금 더 효율적으로 수익 창출을 위한 방법을 찾을 수 있게 되었다. 무엇보다 동기부여를 받은 사람들이 과거에는 불가능하다고 여겨졌던 수익을 달성하고 인증하자 블로그에 대한 인식이 긍정적으로 변했다. 나는 이런 모습을 보면서 사람은 확신이 있을 때 노력할 수 있고, 해낼 수 있다는 것을 새삼 깨닫게 되었다. 즉, 당신이 꾸준히 노력하기 위해서는 헤아릴 수 없는 많은 정보가 아니라 확신부터 가져야 한다.

결론적으로 내가 전하고 싶은 메시지는 두 가지다. 하나는 나를 믿을 필요가 없다는 것, 스스로 가능성이 있다고 생각되었을 때 확신을 가지고 도전했으면 좋겠다. 다른 하나는 남들과 다른 방식으로 돈을 벌고자 한다면 남들과 다르게 생각하라는 것이다. 애초에 블로거의 기준으로 만들어진 평균 수익은 의미가 없다. 우리는 블로거가 아닌 마케터의 자세로 임해야 한다. 초등학생의 평균 수치를 성인에게 적용할 수 없는 것처럼, 블로거의 시선으로 운영하는 블로그와 마케터 관점으로 철저히 수익을 위한 블로그를 운영하는 일에는 큰 차이가 있다는 걸 잊지 않았으면 좋겠다.

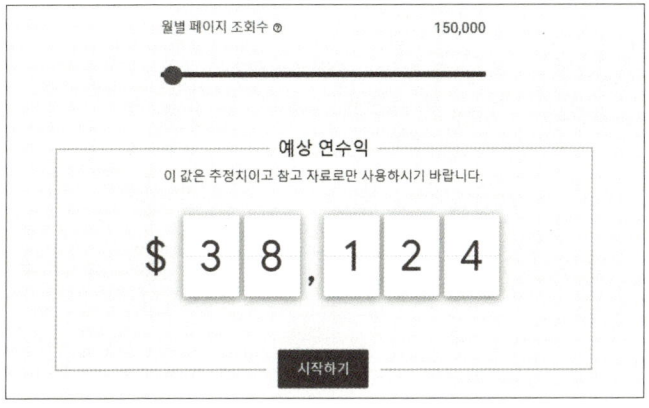

이건 앞서 소개했던 애드센스에서 제공하는 예상 연수익이다. 높은 수익이 예상되는 카테고리를 기준으로 했으며, 이 데이터 값이 내 평균 RPM보다 낮은 것을 봤을 때, 이 수치는 최고 수익이 아닌 어느 정도의 평균치를 나타내는 것으로 보인다. 누군가는 블로그로 달성할 수 있는 평균 수익이 1000명당 1000원이라고 이야기하지만 맞는 말은 아니다. 누군가는 이 연수익 데이터를 통해 알 수 있는 것처럼 1000명당 2만 원 이상의 수익을 얻고 있기 때문이다. 중요한 건 당신도 꾸준히 노력하면 실현 가능한 수익이라는 점이다. 해보지 않으면 알 수 없고, 블로그는 실패해도 잃을 게 없다. 당신의 삶을 역전시키고 싶다면 확신을 가지고 도전하라.

초심자를 위한 리남의 보충수업
〈블로그 월 1000만 원 수익 공개〉

첫 단추를
제대로 끼우는 게 중요하다

시작이 반이다

시작이 반이라는 속담이 있다. 무언가를 결심하고 시작하는 게 어렵지, 일단 시작하면 어떻게든 끝마칠 수 있다는 말이다. 나는 이 말을 매우 의미 있게 생각한다. 나 또한 일단 시작했던 덕분에 좋은 결과를 얻을 수 있었기 때문이다. 어떤 사람은 성공의 원인으로 노하우, 운, 시기 등을 거론할 수 있겠지만, 따지고 보면 그러한 노하우를 얻을 수 있던 것도, 운이 따를 수 있던 것도, 시기를 잘 탈 수 있던 것도 일단은 시작했기 때문에 따라온 결과라고 생각한다. 복권을 구매하지 않은 사람은 절대 당첨될 수 없지만, 구매한 사람은 아주 작은 확률이나마 당첨 확률이 생기는 것과 같은 이치다.

덧붙여서 시작이 반이라는 말에는 또 다른 의미가 담겨 있다고 생각한다. 그건 바로 처음을 어떻게 시작하느냐가 매우 중요하다는 것이다. 첫 단추를 잘못 끼우면 마지막 단추를 제대로 끼울 수 없는 것처럼, 단추를 풀어 다시 끼우는 시행착오를 겪지 않기 위해서는 올바른 시작을 할 필요가 있다. 사실 지금까지 이야기했던 모든 게 이 시작을 위한 마중물이었다.

지금 운영되는 대부분의 블로그는 돈을 벌지 못한다. 나 또한 블로그를 수익화하는 과정에서 계속되는 실패로 인해 많은 블로그를 삭제한 경험이 있다. 그래서 다른 책들과는 다르게 처음부터 돈이 되는 블로그를 운영할 수 있도록 블로그의 방향, 돈을 버는 방법, 광고 플랫폼의 종류, 블로그 서비스의 특징 등을 이야기했던 것이다. A부터 Z까지 무작정 따라 한다고 되는 게 아니기 때문이다.

내가 지금까지 말한 내용을 종합하면, 수익 루트가 확실한 광고로 돈을 벌고자 블로그를 시작할 때, 난도와 수익률이 적당한 구글 애드센스를 활용하는 편이 좋다. 애드센스 광고를 게재하려면 먼저 티스토리 블로그를 개설해야 하는데, 티스토리 블로그 개설부터 애드센스 신청, 광고 게재 그리고 블로그 최적화 세팅까지 본격적으로 알아보자. 당신이 여기까지 읽었다는 건 블로그로 돈을 벌 가능성을 봤다는 것이므로 이제 확신만 가지면 된다.

티스토리 블로그 개설 방법

우리는 가끔 쉬워 보이는 것을 업신여기는 경향이 있다. 티스토리 블로그 개설 방법이 딱 여기에 해당하는데, 실제로 티스토리 블로그를 개설하는 방법은 인터넷을 할 줄 안다면 누구나 할 수 있을 정도로 간단하다. 여타 서비스 가입과 다르지 않기 때문에 나도 깊게 생각해보지 못했었다. 하지만 가입 단계에서 반드시 주의해야 할 사항이 있다는 걸 사소한 계기로 알게 되었다. 이 내용을 미리 알고 첫 단추를 꿰었으면 좋겠다.

티스토리 가입하기 STEP1

2018년 이전에는 별도의 초대장이 있어야 티스토리에 가입할 수 있었지만, 지금은 초대장 없이도 회원가입을 할 수 있다. 티스토리 홈페이지로 접속해서 우측 상단에 있는 시작하기를 누르면 회원가입을 하거나 로그인을 할 수 있다.

(티스토리 - https://www.tistory.com)

티스토리 가입하기 STEP2

 2020년 하반기에 티스토리가 카카오로 통합되면서 카카오 계정 로그인을 지원하고 있다. 2021년 4월 이후 완전히 카카오 계정으로 통합될 예정이기 때문에 신규 가입자는 카카오 계정으로 가입해야 하며, 기존에 카카오 계정이 있다면 별도

로 가입할 필요 없이 기존 계정을 그대로 사용할 수 있다.

티스토리 가입하기 STEP3

카카오 계정으로 로그인하면 블로그를 개설할 수 있는 화면이 나타난다. 앞으로 사용하게 될 블로그 닉네임(이름)과 블로그 이름(사이트명), 블로그 주소를 설정할 수 있다. 여기서 닉네임과 블로그 이름은 언제든지 변경할 수 있지만, 블로그 주소는 변경할 수 없어 신중히 결정하는 것이 좋은데, 블로그를 개설하기 전 반드시 알아야 할 주의사항이 있으니 다음 내용까지 모두 확인한 뒤 개설할 것을 권장한다.

티스토리 가입하기 STEP4

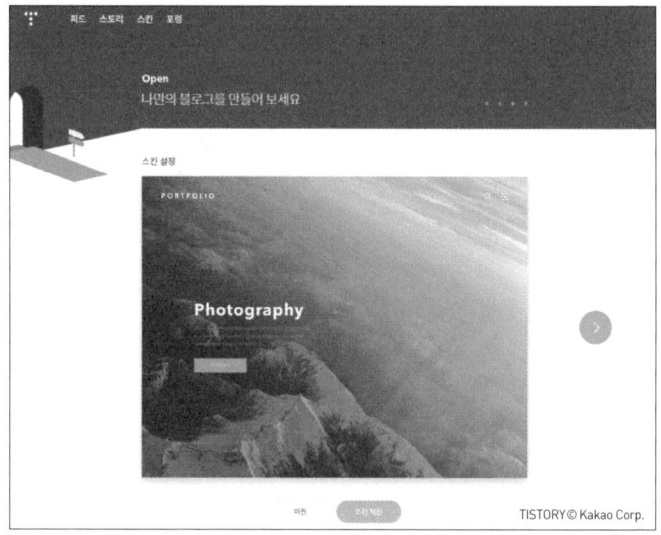

블로그 정보를 모두 입력하면 스킨을 선택할 수 있다. 아쉽게도 이 화면에서는 미리 보기를 지원하지 않는다. 하지만 언제든지 스킨을 변경할 수 있고, 변경 시에는 미리 보기가 가능하기 때문에 여기서는 일단 아무거나 선택해도 괜찮다. 이제 스킨을 선택하고 스킨 적용을 누르면 블로그가 개설된다.

개설 전 반드시 알아야 하는 주의사항

티스토리 블로그를 개설하는 단계에서 미리 알아두지 않으면 손해를 볼 수 있는 내용이 있다. 운이 나쁠 경우 단순히 손해 정도가 아니라 영영 성장하지 못할 블로그를 운영하게 될 수 있고, 블로그뿐만 아니라 웹사이트를 이해하는 데도 매우 중요한 개념이므로 반드시 알아두는 게 좋다. 중요한 건 이 책에서 누누이 강조했듯이 정보가 아니라 활용이기 때문에 당신도 이런 걸 스스로 알아낼 수 있는 힘을 기르는 게 중요하다. 고로 내가 이 내용을 알게 된 과정도 집중해서 보면 도움이 될 것이다.

---

1. 발상
- 기존에 있던 도메인(인터넷 주소)을 사용하면 어떻게 될지 궁금해졌다.

2. 실험1
- 과거에 개설된 이력이 있는 도메인으로 블로그를 개설하여 꾸준히 운영했지만, 아무리 글을 작성해도 블로그 글이 제대로 검색되지 않았다. (저품질)

3. 가설
- 포털의 제재를 받았던 블로그 주소를 그대로 사용할 경우, 신규 블로그에서도 같은 현상이 발생할 수 있다는 가설을 세워 블로그를 여러 개 개설하여 비교 분석한다.

> 4. 결과1
> - 실험을 진행한 모든 블로그가 다음 포털에서 검색되지 않았다.
>
> 5. 실험2
> - 네이버와 구글도 같은 현상이 일어나는지 파악하기 위해 네이버와 구글에서 저품질 된 도메인을 이용하여 블로그를 개설하고 분석한다.
>
> 6. 결과2
> - 실험을 진행한 모든 블로그가 각각 제재 이력이 있는 포털에서 검색되지 않았다.

티스토리 블로그는 블로그를 폐쇄했을 때, 약 5일 뒤부터 같은 주소를 사용할 수 있다. 이 부분은 여타 서비스에서 탈퇴했을 때, 일정 기간이 지나면 해당 아이디를 다시 사용할 수 있게 되는 것과 같다. 예를 들어 'aaa.tistory.com'이라는 블로그가 폐쇄되어도 시간이 지나면 새로 블로그를 개설하는 사람이 해당 주소를 사용할 수 있다는 이야기다. 그리고 지금까지 수많은 블로그가 개설되었기 때문에 어쩌면 우리가 사용하는 블로그 주소도 기존에 사용되었던 주소일 수 있는데, 문제는 바로 여기서 발생한다.

해당 주소를 사용하던 블로그가 포털에서 검색이 되지 않는 등의 제재(저품질)를 받았을 경우, 이후 같은 주소로 생성되는 블로그 역시 검색이 되지 않는 현상이 발생한다는 점이다. 즉, 블로그 개설이라는 아주 단순하고 필수적인 단계에서 미처 생각지도 못한 이유로 우리는 영영 성장할 수 없는 블로그를 운영하게 될지도 모른다. 이러한 사실을 알지 못한다면 '언젠가는 반드시 성장할 거야!'라는 막연한 생각으로 시간만 허비하고 수익도 없는 블로그를 운영할 수도 있다. 그러므로 블로그 개설 전 이러한 내용을 반드시 알고 있어야 한다.

> **티스토리 블로그 개설 주의사항**
> - 블로그 주소는 기존에 사용되지 않은 주소를 사용한다.

그리고 이 내용은 반대로 작용할 수 있다. 질이 좋은 블로그가 폐쇄되는 일은 그리 많지 않겠지만, 만약 그러한 주소를 찾아서 블로그를 개설하게 된다면 조금 더 유리한 위치에서 블로그를 시작할 수 있게 된다는 말이다. 그러나 과거에 해당 주소를 사용하던 블로그에서 어떤 일이 있었는지 우리가 정확히 알 수 없으므로 되도록 처음부터 기존에 사용되었던 주소는 피하는 게 좋다. 그리고 이를 위해 남들이 사용하지 않을 것 같은 주소, 가령 여러 단어를 조합하거나 자신이 만든 닉네임을 주소로 사용하는 방법으로 블로그 저품질을 사전에 예방할 수 있다.

그렇다면 이러한 현상은 왜 발생하는 것일까? 어떠한 방법이나 주의사항을 알게 되는 것도 분명 중요하지만, 이를 더 발전시켜서 활용하기 위해서는 왜 이러한 현상이 발생하는지도 나름의 접근 방법으로 이해해야 한다.

> Q) A라는 사람의 뇌를 B라는 사람의 몸으로 이식했을 때, B는 A일까 B일까?
>
> - 위 질문에 A라고 답변했다면 뇌를 기준으로 판단했다는 것이며, B라고 답변했다면 몸을 기준으로 판단했다는 것이 된다.
> - 포털은 도메인을 기준으로 판단한다. 우리는 블로그 등의 웹사이트 그 자체를 본체라고 생각하지만, 사실 포털의 입장에서 웹사이트는 그저 콘텐츠를 담는 껍데기에 불과하다.

이를 뒷받침할 근거는 다음과 같다. 구글 애드센스 광고를 블로그에 게재하기 위해서는 블로그마다 별도의 애드센스 승인을 받아야 한다. 하지만 기존에 승인된 블로그를 폐쇄하고 같은 주소로 블로그를 개설하면, 별도의 승인 없이도 광고를 게재할 수 있다.

1. 발상
- 구글 포털에서 이러한 개념이 적용된다면 같은 구글 플랫폼인 애드센스에서도 이 개념이 적용될 수 있다.

2. 실험
- 애드센스 승인을 받은 블로그를 폐쇄한 뒤, 같은 주소로 블로그를 개설하여 확인한다.

3. 결과
- 별도의 승인을 받지 않아도 광고를 게재할 수 있었다.

이렇듯 모든 포털은 도메인(인터넷 주소)을 굉장히 중요한 요소로 판단하고 있다. 무엇보다 이런 내용을 미리 알아둔다면 블로그의 발전 가능성이 크게 달라질 수 있다. 그 이유는 원리를 제대로 이해하는 것과 방법만 아는 것은 결과를 다르게 만들기 때문이다. 방법은 딱 적용까지만 유효할 뿐 더 이상 새로운 방식을 생각해낼 수 없다. 그래서 계속 변화하는 포털 로직과 경쟁자의 트래픽에 밀려 도태될 확률이 높다. 반면에 어떤 개념을 정확히 이해하고 있으면 변화하는 로직에 맞춰 계속해서 새로운 방법을 생각해낼 수 있게 된다.

하지만 처음에는 경험이 부족해 이런 점까지는 고려할 수 없는 게 당연하니 너무 어렵게 생각할 필요는 없다. 시간이 지남에 따라 지식과 경험이 쌓이면 자연스레 알게 될 테니 말이다. 단지 지금 수준에서는 블로그를 운영할 때 콘텐츠뿐만 아니라 이러한 부분까지도 신경 써야 수익이 보장된다는 것을 이해하면 된다. 언젠가 충분히 경험이 쌓였을 때 오직 당신만의 방법으로 새로운 노하우를 발견해 나에게도 추천해주면 좋겠다.

티스토리 블로그 사용법

나는 공대 출신이라서 예전에 설계 관련 업종으로 진로를 고민한 적이 있다. 그때 설계 프로그램을 배우면서 내가 다룰 프로그램의 설정 방법을 먼저 익혔는데, 아주 값진 깨달음을 얻었다. 프로그램의 설정을 내게 맞게 바꾸는 것만으로도 일의 능률이 크게 올랐기 때문이다. 그래서 나는 어떤 프로그램이나 플랫폼을 처음 사용하면 반드시 설정부터 익힌다.

블로그도 다르지 않다. 사용법 숙지는 기본 중의 기본이며,

기본을 확실히 다져야 응용할 수 있는 방법을 떠올릴 수 있다. 티스토리는 네이버 블로그와 달리 다양한 설정을 할 수 있어 각 기능을 얼마나 이해하느냐에 따라 블로그 운영 능률이 달라진다. 그리고 이 능률의 고저가 수익형 블로그의 기대 수익에 영향을 미치는 만큼 각 기능과 설정 방법을 숙지해야 한다. 기본은 쉬움을 뜻하는 게 아니라 필요를 의미한다는 걸 잊지 않길 바란다.

티스토리 계정 관리 방법

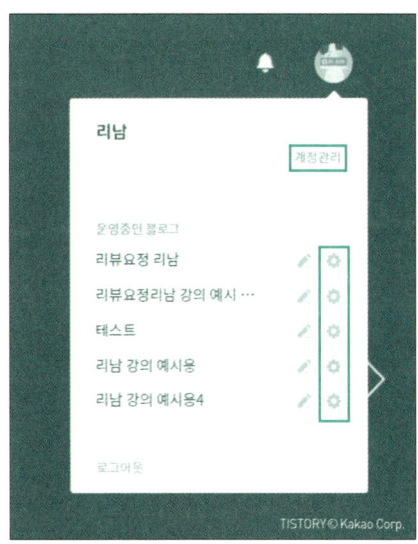

티스토리는 계정 한 개에 블로그를 최대 10회까지 개설할 수 있다. 예를 들어 블로그를 9번 폐쇄했다면 이후에는 블로그를 한 번만 더 개설할 수 있는 것이다. 하지만 이 횟수를 초과했다고 하더라도 계정을 새로 만들면 되기 때문에 별로 문제되지는 않는다. 또한 티스토리는 블로그를 최대 5개까지 동시에 운영할 수 있는데, 한 번의 로그인으로 다수의 블로그를 관리할 수 있다는 건 매우 큰 장점이라고 생각한다. 이것은 티스토리에서 공식적으로 지원하는 기능이라서 같은 계정이라면 블로그를 여러 개 운영해도 제재를 받지 않기 때문에 안심하고 다양한 테스트를 해볼 수 있다.

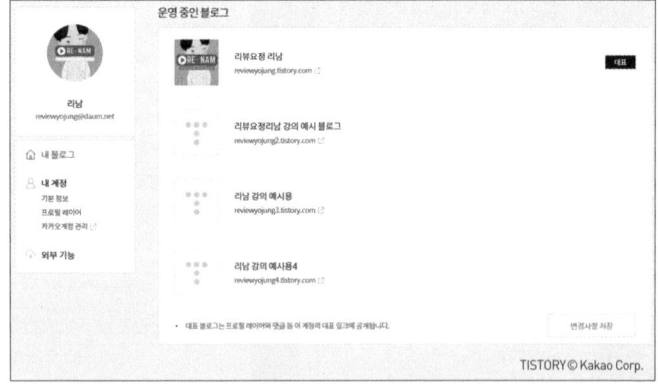

티스토리 관리 화면은 계정 관리와 블로그 관리로 나뉜다.

계정 관리에서는 운영 중인 블로그를 모두 확인할 수 있고 대표 블로그를 지정할 수 있다. 하지만 대표 블로그를 지정해도 바뀌는 것은 없기 때문에 블로그를 여러 개 운영할 경우 무엇을 대표 블로그로 지정할 것인가는 고민하지 않아도 된다. 메뉴에 있는 '카카오 계정 관리'로 들어가면 비밀번호 변경이나 2단계 로그인 인증 등 계정과 관련된 설정을 할 수 있다.

수익형 블로그 관리 방법

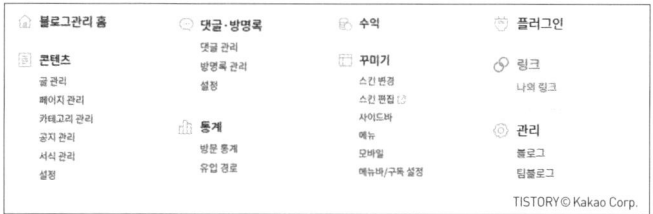

티스토리 블로그 관리에서는 블로그와 관련된 다양한 설정을 할 수 있다. 하지만 여기에는 필요한 메뉴도 있고 불필요한 메뉴도 있어 실제로 자주 사용하는 메뉴만 모아서 다루겠다.

글 관리

글 관리에서는 글의 수정, 삭제, 비공개 설정을 할 수 있고, 한 번에 일괄 적용하는 것도 가능하다. 그리고 통계 버튼을 누르면 개별적인 글의 통계를 확인할 수 있다.

카테고리 관리

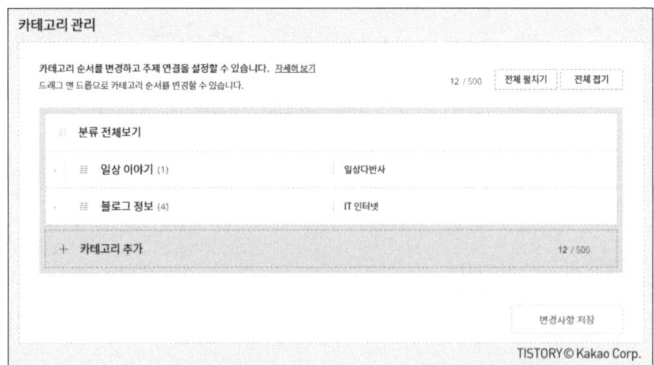

카테고리 관리에서는 내가 작성하는 글을 분류할 수 있도록 카테고리를 생성할 수 있고, 카테고리별 주제 연결을 할 수 있다. 주제 연결을 하면 이후 해당 카테고리로 발행하는 글은 모두 그에 맞는 주제로 자동 발행된다. 예를 들어 '일상 이야기'라는 카테고리로 글을 발행할 경우 '일상다반사' 주제로 자동 분류된다는 의미다. 이것을 미리 설정해두면 글쓰기 창에서 매번 주제 연결을 하지 않아도 되기 때문에 번거롭지 않다.

서식 관리

서식 관리에서는 내가 지속적으로 사용할 템플릿을 저장할 수 있다. 예를 들어 서식 쓰기를 통해 '안녕하세요.'라는 내용을 저장했다면, 이후 글쓰기 창에서 서식 버튼을 누르는 것만으로도 '안녕하세요.'를 그대로 불러올 수 있다.

만약 자신의 글에 패턴이 있어 일종의 템플릿이 있다면, 서식을 저장해 조금 더 빠르게 글을 작성하는 게 가능하다. 이뿐만 아니라 광고 코드를 서식으로 저장했을 때도 조금 더 편하게 광고를 넣는 것이 가능하다.

콘텐츠 설정

콘텐츠 설정에서는 발행 설정과 저작권 설정을 할 수 있다.

기본 설정은 글을 작성했을 때 비공개로 발행하게 되어 있는데, 이렇게 되면 글을 작성할 때마다 공개라는 버튼을 눌러야 하므로 조금 불편할 수 있다. 하지만 여기서 공개로 설정해두면 이후 작성하는 글은 자동으로 공개 발행된다. 이때, 내 글이 다른 곳에서 무단으로 사용되거나 수정되길 원하지 않는다면 저작권 사용 허가를 모두 비허용으로 설정하면 된다.

통계

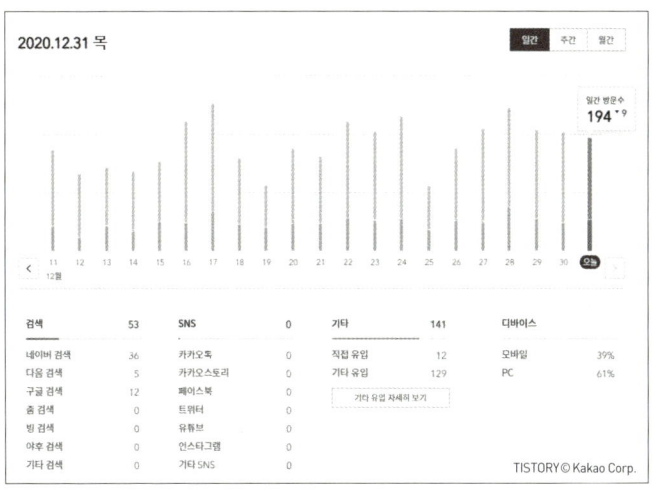

티스토리 통계는 앞으로 블로그를 운영하면서 가장 많이 보게 될 화면으로, 어떤 경로로 방문자가 유입되었는지, 어떤

키워드로 검색되었는지, 어떤 글을 많이 봤는지 등을 확인할 수 있다. 단순히 오늘 방문자가 몇 명인지 확인하는 것에서 끝나는 게 아니라, 내가 어떤 글을 작성했을 때 방문자가 많이 유입되는지 등을 분석하면 더욱 효율적으로 블로그를 성장시킬 수 있다.

수익

광고 플랫폼		
kakao**AdFit**	✓ 빠르고 간편한 심사 및 수익 지급 ✓ 타게팅된 광고로 수익 극대화 ✓ 수익 관련 정보 카카오톡 알림 설정 가능	연동하기
Google AdSense	✓ ads.txt 파일 문제 해결 ✓ 최고의 가격을 제시한 광고 게재 ✓ 코드 하나로 설정되는 자동 광고	연동하기
Dable	✓ 개인화 추천을 통한 트래픽 및 주목도 상승 ✓ 블로그에 딱 맞는 알고리즘 및 디자인 지원을 통한 수익 극대화 ✓ 효과적이고, 강력한 테스트 툴 제공	준비 중
Tenping.	✓ 다양한 소문 타입의 콘텐츠 ✓ 자유자재로 붙일 수 있는 '소문박스' 기능 ✓ 수익 및 효율 정보를 앱·웹으로 확인 가능	준비 중

TISTORY © Kakao Corp.

티스토리 수익 메뉴에서는 다양한 광고 플랫폼과 연동할 수 있는 기능을 제공하며, 연동하기를 누를 경우 내가 작성한 모든 글에 일괄적으로 광고를 게재할 수 있다. 하지만 승인을 받지 않은 상태에서 연동할 경우 광고 자리가 빈칸으로 표시되기 때문에 추후 승인을 받은 상태에서 연동하길 바란다.

스킨 변경

티스토리 스킨 종류
- 기본 스킨: 티스토리에서 정식으로 지원하는 스킨
- 무료 스킨: 유저가 자체 제작하여 무료로 배포하는 스킨
- 유료 스킨: 유저가 자체 제작하여 유료로 배포하는 스킨

* 이용자 제작 스킨 (https://www.tistory.com/userskin)

티스토리 스킨 변경에서는 티스토리에서 정식으로 지원하

는 기본 스킨만 확인할 수 있으며, 미리 보기가 가능하다. 그리고 티스토리는 유저가 자유롭게 스킨을 개발할 수 있기 때문에 기본 스킨 외에도 많은 유·무료 스킨이 존재하는데, 이용자 제작 스킨 페이지에서 스킨을 확인하거나 다운로드받을 수 있다.

스킨 편집

스킨 편집에서는 홈 화면에 글이 몇 개가 보이도록 할 것인지와 커버 등을 설정할 수 있다. 티스토리는 HTML 편집을 통해 HTML/CSS 수정이 가능한데, 이는 제작된 스킨을 내 입맛에 맞게 수정할 수 있음을 의미한다. 하지만 HTML/CSS 관련 지식이 없으면 수정이 매우 어렵기 때문에 가급적 처음부터 내가 원하는 기능이 있는 스킨을 사용하는 것이 좋다.

유료 스킨은 폰트의 종류와 크기 등을 기본 설정에서 쉽게 선택할 수 있도록 더 많은 기능을 제공하고 있다. 하지만 처음부터 유료 스킨의 사용을 권장하지 않으며, 기본 스킨으로 시작해서 자신에게 필요한 기능이 무엇인지 파악한 뒤 원하는 기능이 있는 스킨을 사용하는 게 좋다.

사이드바

사이드바는 블로그 콘텐츠 좌우에 있는 프로필, 카테고리 등이 위치한 영역이다. 스킨에 따라 사이드바가 없는 경우가 있는데, 사이드바가 없으면 콘텐츠에 더욱 집중할 수 있고, 사이드바가 있으면 사이드바에 광고를 넣을 수 있는 등 장단점이 있다. 만약 사이드바가 필요하다면 처음부터 사이드바가 있는 스킨을 선택하는 것이 좋다. 사이드바가 없는 스킨도 HTML 편집을 통해 사이드바를 만들 수는 있지만, 코딩 능력이 필요하기 때문에 초보자에게는 다소 어렵다.

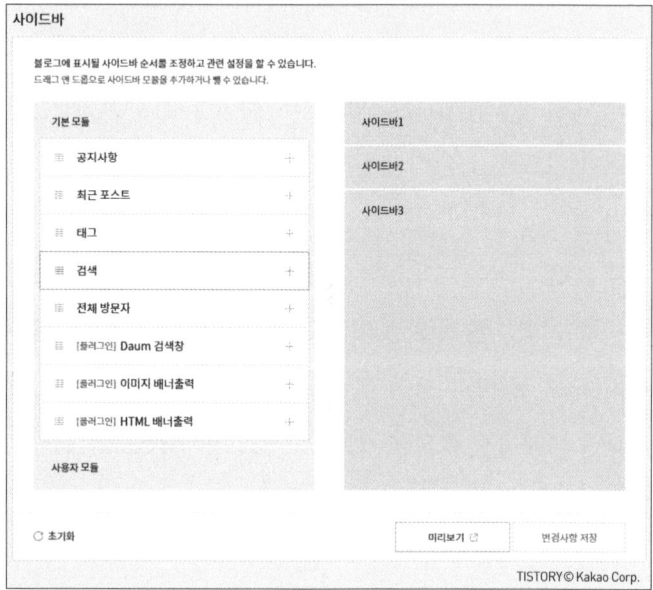

메뉴

사이드바가 없는 스킨을 사용하는 경우 메뉴 기능을 이용하면 사이드바와 비슷한 효과를 줄 수 있다.

이미지에서 녹색 박스로 채워져 있는 부분이 메뉴 영역이며, 이 영역은 메뉴 편집을 통해 카테고리를 추가할 수 있다. 그리고 자신이 원하는 경로로 이동하도록 메뉴를 설정하는 것도 가능하다. 예를 들어 메뉴 이름을 '관리자'라고 입력하고 직접 'https://주소.tistory.com/manage'라고 주소를 입력할 경우 관리 화면으로 들어올 수 있는 버튼을 만들 수 있다. 또한 자신이 운영하는 유튜브나 SNS 등으로 이동하는 메뉴를 만들 수도 있다.

모바일

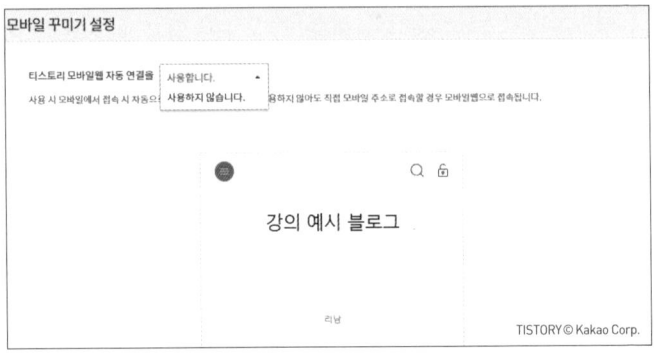

모바일 꾸미기 설정은 수익형 블로그 세팅에서 가장 중요한 부분이다. 과거에는 웹사이트가 PC 버전과 모바일 버전으로 나뉘었지만, 지금 대부분의 사이트는 반응형으로 제작되어 디스플레이 크기에 맞게 자동으로 사이즈가 변환된다. 티스토리 역시 반응형 스킨을 지원하기 때문에 지금은 더 이상 필요 없는 기능인데, 이 기능을 사용할 경우 애드센스 광고가 출력되지 않는 등의 많은 오류가 발생한다. 기본 설정이 '사용합니다.'라고 되어 있으니, 광고로 수익을 얻고자 하는 수익형 블로그라면 반드시 '사용하지 않습니다.'라고 설정하는 것이 좋다.

플러그인

플러그인에서는 다양한 기능을 설정할 수 있다. 예를 들어 내 블로그에서 마우스 우측 클릭(복사 금지)을 하지 못하게 하는 기능 등이 있으니 필요한 것을 적용하면 된다.

그리고 플러그인 중 '반응형 웹스킨 이미지 최적화'가 있는데, 이것은 사용하는 기기의 크기에 맞춰 이미지 크기를 자동으로 조절해주는 기능이다. 모바일은 PC보다 화면이 작기 때문에 PC에서 사용되는 크기의 사진이 필요하지 않으며, 사진의 용량이 크면 그만큼 로딩 시간을 길어지게 된다. 로딩이 길어지면 사용자가 이탈(뒤로 가기)할 확률이 늘어나므로 이 설정은 반드시 해두길 바란다.

블로그

블로그 메뉴에 있는 블로그 설정에서는 블로그의 이름과

더불어 어떤 블로그인지 설명을 입력할 수 있다. 그리고 여기에 입력되는 내용들은 사이트 영역에서 검색된다. 그러므로 특정 검색어로 내 블로그가 사이트 영역에서 노출되기를 원한다면 그에 맞는 키워드를 입력하는 것이 좋다.

예를 들어 다음 검색창에 '리뷰요정리남'을 검색하면 이러한 결과가 나온다. 검색어와 일치하는 내용이 있을 때 사이트명과 설명이 진하게 표시되는 것을 확인할 수 있다. 이는 검색과 일치하는 내용이 있어야 더 정확한 페이지로 판단한다는 걸 의미하기 때문에 가급적이면 자신이 노출하려 하는 키워드(단어)를 입력하는 게 좋다.

```
주소 설정
기본 도메인    https://renammmmm.tistory.com                        보안접속 중
사이트맵 주소  https://renammmmm.tistory.com/sitemap.xml             자동 생성 안내
포스트 주소를  [숫자 ▼] 로 설정합니다.
              https://renammmmm.tistory.com/123
                                                          TISTORY © Kakao Corp.
```

블로그 메뉴에 있는 주소 설정에서는 내가 작성하는 글의 주소 형식을 설정할 수 있다.

---

1. 숫자 주소
- https://aaa.tistory.com/1

2. 문자 주소
- https://aaa.tistory.com/entry/제목

* 문자 주소에 한글이 들어가면 글자가 깨지므로 주의해야 한다. 따라서 '안녕하세요'라는 글을 발행했을 경우 원래는 'https://aaa.tistory.com/entry/안녕하세요'라는 제목이 되어야 하지만, 실제로는 아래와 같은 형태로 제목이 지정된다.

https://aaa.tistory.com/entry/%EC%95%88%EB%85%95%ED%95%98%EC%84%B8%EC%9A%94-%EC%9D%B4-

```
%EA%B3%B3%EC%9D%80-%EC%98%88%EC%8B%9C%EC%9A%A9-
%EB%B8%94%EB%A1%9C%EA%B7%B8-
%EC%9E%85%EB%8B%88%EB%8B%A4
```

숫자 주소를 사용할 경우, 글이 발행되는 순서대로 자신의 블로그 주소 뒤에 숫자가 붙고, 문자 주소를 사용할 경우 블로그 주소 뒤에 글의 제목이 붙는다. 이론적으로는 문자열 주소를 사용하는 게 검색에 더욱 유리하지만, 티스토리는 문자열 주소를 사용했을 때 다양한 문제가 발생할 수 있다. 또한 나는 이 설정을 중간에 바꿨다가 블로그가 누락(검색되지 않는)되는 현상을 겪은 적이 있어서 가급적이면 처음에 설정한 뒤 바꾸지 않는 것을 권장한다. (이론과 실무가 항상 일치하지는 않는 것과 비슷한 케이스다.)

블로그 메뉴에 있는 기타 설정에서는 RSS(Rich Site Summary) 공개 개수를 설정할 수 있다.

1. RSS 10개
- 내 글을 동시에 10개까지 수집할 수 있다

2. RSS 50개
- 내 글을 동시에 50개까지 수집할 수 있다.

포털 로직은 RSS와 사이트맵을 통해 블로그에 있는 글을 수집한다. 그리고 RSS는 그 설정값에 따라 최근 글을 동시에 표시하게 되어 있는데, 로봇이 내 블로그에 방문하는 속도보다 글이 갱신되는 속도가 빠를 경우에 문제가 된다. 예를 들어 10개로 설정한 상태에서 글을 12개 작성했을 때 로봇이 방문했다면 앞서 작성된 2개의 글은 수집되지 않을 수 있다. 물론 사이트맵을 통해 이전에 작성된 글도 수집하겠지만, 만약의 상황을 대비하기 위해서는 최대 개수인 50개로 설정하는 것이 좋다.

초심자를 위한 리남의 보충수업
〈수익형 블로그 최적화 세팅〉

티스토리 글쓰기와 에디터 사용 방법

티스토리에서 글을 작성하는 방법이나 에디터의 기능은 다른 플랫폼과 다를 게 없기 때문에 하나하나 설명할 필요는 없을 것 같다. 만약 각 기능이 무엇을 뜻하는지 모르겠다면 마우스 커서를 가져가는 것만으로도 어떠한 기능인지 알 수 있다.

> **티스토리 글쓰기 특징**
> - 하루에 최대 15개의 글을 발행할 수 있다.
> - 서식/플러그인 기능을 불러올 수 있다.
> - HTML 모드로 글을 작성할 수 있다.
> - 원하는 날짜와 시간에 예약 발행할 수 있다.

하지만 티스토리의 글쓰기 기능에 관련된 특징은 알아두는 것이 좋다. 티스토리는 블로그 개수와 관계없이 계정당 하루에 최대 15개의 글을 작성할 수 있다. 만약 개설된 블로그 5개에 똑같은 개수의 글을 올리고자 한다면 한 블로그당 3개까지 글을 작성할 수 있는 것이다.

서식/플러그인

앞서 소개했던 서식과 플러그인 기능을 불러오고 싶을 때는 해당 버튼을 통해 각 기능을 불러올 수 있다. '이전 글 넣기' 플러그인을 이용하고 싶다면 플러그인 설정에서 '이전 발행 글 링크 삽입' 플러그인을 활성화하면 되고, 'YouTube' 플러그인을 이용하고 싶다면 '유튜브 동영상 넣기' 플러그인을 활성화하면 된다.

글쓰기 모드

티스토리 에디터는 기본모드, 마크다운, HTML 모드로 글을 작성할 수 있다. 여기서 마크다운은 사용되지 않으며, HTML 모드는 애드센스 광고 코드를 넣는 등 HTML 코드를 넣을 때 사용한다. (광고를 넣는 방법은 뒤에서 소개할 예정이다)

발행

발행 종류

- 공개 : 모든 사람이 글을 볼 수 있다.
- 보호 : 글에 설정한 비밀번호를 아는 사람만 글을 볼 수 있다.
- 비공개 : 나만 글을 볼 수 있다.

강의를 하다 보면 가끔 발행 실수를 저지르는 사례가 있었는데, 글을 작성할 때 다른 사람들이 보는 것을 원한다면 반드시 공개로 되어 있는지 확인해야 한다.

> **홈 주제**
> - 주제를 설정하면 티스토리의 스토리로 글이 발행된다.
> - 스토리는 네이버 블로그의 홈과 같이 주제별로 글이 공개되는 피드다.
> - 스토리 주소: https://www.tistory.com/category/current

홈 주제를 설정하면 스토리 페이지에 접속한 사람들이 내 글을 볼 수 있게 된다. 앞서 카테고리에서 설명한 주제 연동을 할 경우 글쓰기 창에서 따로 지정할 필요가 없다.

> **발행일**
> - 현재: 발행 버튼을 누른 시간에 글이 발행된다.
> - 예약: 내가 지정한 날짜와 시간에 글을 발행할 수 있다.

예약 기능을 이용하면 원하는 날짜와 시간에 글을 발행할 수 있다. 만약의 상황을 대비하여 예약 글을 준비해두면 하루도 빠지지 않고 글을 발행할 수 있는데, 예를 들어 목표가 1일 1포스팅이라면 7개의 글을 예약함으로써 7일의 여유가 생긴다. 그리고 직장인이라면 주말에 글을 미리 작성해둬 평일에는 본업에만 집중할 수 있으니 이 기능을 이용하면 조금 더 유연하게 블로그를 운영할 수 있다.

초심자를 위한 리남의 보충수업
〈티스토리 신규 에디터 사용법〉

검색되는 블로그를 만들자

　수익형 블로그를 시작하기 위해 블로그를 개설하고 세팅까지 마쳤다. 그럼 이제 무엇을 해야 할까? 블로그는 콘텐츠를 통해 수익을 얻을 수 있기 때문에 글을 작성해보는 것도 나쁘지는 않겠지만, 먼저 사람들이 내 블로그를 찾을 수 있도록 사이트 등록에 대해 알아두면 더 좋다.

> **애드센스 수익이 발생하는 순서**
> - 콘텐츠 제작 ▶ 방문자 유입 ▶ 광고 클릭 ▶ 수익 발생

    온라인 마케팅이 돈이 되는 이유는 기본적으로 무수한 사용자가 있기 때문이다. 그리고 이 말은 곧 방문자가 유입되어야 수익을 얻을 수 있다는 이야기가 되는데, 콘텐츠가 아무리 좋아도 검색이 되지 않으면 사람들은 내 글을 볼 수 없다. 그러므로 포털에서 내가 작성하는 글을 제대로 수집할 수 있도록 설정해두는 게 중요하다.

포털사이트 검색 등록 방법

    대부분의 검색 엔진은 웹사이트의 문서를 자동으로 수집한다. 검색 등록을 하지 않았다고 노출이 되지 않는 것은 아니라는 것이다. 하지만 검색 등록을 해야 내 글이 더 빠르고 정확하게 수집되어 유리한 입지를 차지할 수 있기 때문에 대표적인 포털사이트에는 꼭 등록해야 한다.

네이버 사이트 등록

네이버 웹마스터 도구 등록 STEP1

〈네이버 서치 어드바이저 - https://searchadvisor.naver.com/console/board〉

　네이버 서치 어드바이저의 웹마스터 도구에서 네이버 사이트 등록을 할 수 있다. 네이버 계정이 필요하며, 사이트 등록 창에 자신의 블로그 주소를 입력하면 된다. 이때 주의사항은 'http://'가 아닌, 'https://'로 주소를 입력해야 한다는 것이다. 예를 들어 'aaa.tistory.com'이 블로그 주소일 경우 'https://aaa.tistory.com'을 입력하면 된다. (여기서 'aaa' 부분은 설명을 위해 임시로 적은 것이다.)

네이버 웹마스터 도구 등록 STEP2

　블로그 주소를 등록했으면 이제 해당 블로그가 내 사이트라는 것을 증명하는 사이트 소유 확인이 필요하다. 티스토리 블로그는 HTML 태그 방식으로 소유 확인을 할 수 있으니 녹색 박스로 표시된 영역을 복사하면 된다.

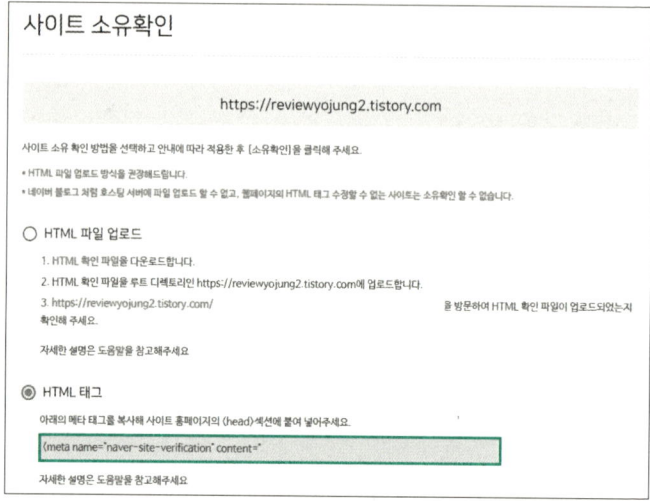

네이버 웹마스터 도구 등록 STEP3

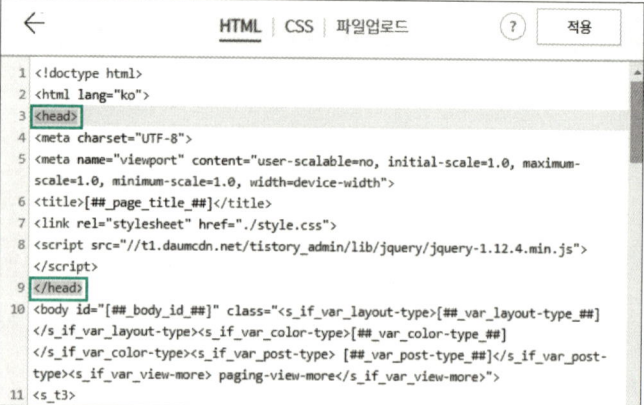

> HTML 태그 붙여 넣는 위치
> 블로그 관리 ▶ 스킨 편집 ▶ HTML 편집

이제 복사한 HTML 태그를 붙여 넣기 위해 위 경로로 접속한다. 박스로 표시된 '〈head〉'에서 '〈/head〉' 사이에 HTML 태그를 붙여 넣으면 되는데, 그 위치는 'head' 영역이라면 어디든 상관없다. 단, 이미 입력된 태그 사이에 넣으면 오류가 생기므로 다음 그림처럼 새로운 하나의 행에 붙여 넣어야 한다.

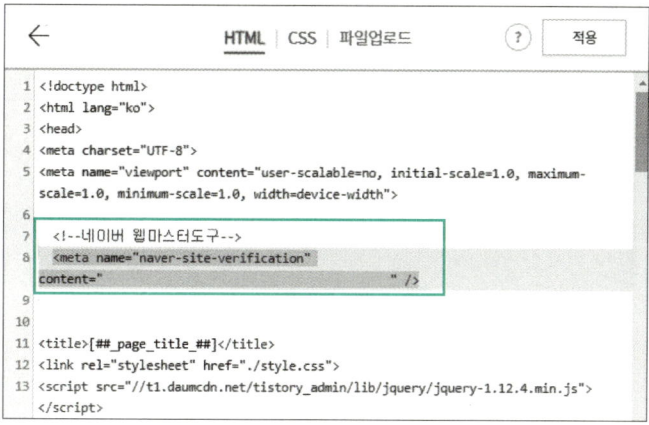

코드를 붙여 넣은 뒤에 어떤 코드가 네이버 웹마스터 도구

코드인지 쉽게 알 수 있어야 한다. 그래야 나중에 수정이 용이하기 때문이다. 그래서 그림에서 보는 것처럼 이렇게 주석처리를 하는 게 좋다. '〈!-- 주석 --〉'로 주석 처리된 내용은 실제로 HTML에 반영되지 않기 때문에 다른 코드의 설명을 넣을 때도 똑같이 적용하면 된다. 저장하고 STEP2 화면으로 돌아가 소유 확인 버튼을 누르면 사이트가 등록된다.

네이버 웹마스터 도구 등록 STEP4

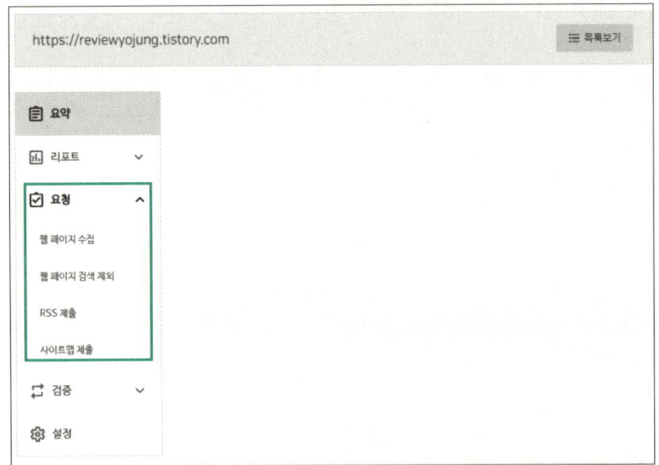

STEP1 화면으로 돌아와서 내가 등록한 블로그 주소를 누르면 이렇게 관리 페이지로 들어올 수 있다. 여기서 요청 메뉴

에 있는 RSS와 사이트맵을 제출해줘야 내 블로그의 글을 제대로 수집할 수 있다.

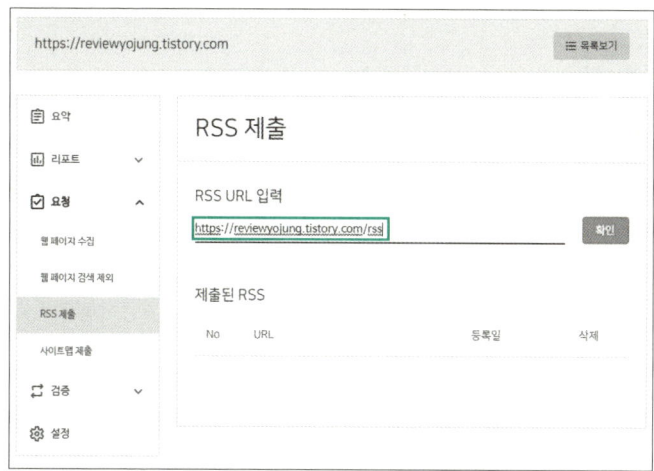

RSS 제출을 클릭한 뒤 'https://aaa.tistory.com/rss'를 입력하고 확인을 누른다. 이때 rss를 절대 대문자가 아닌 소문자로 입력해야 한다. 자신의 블로그 주소 뒤에 '/rss'를 입력하면 rss 페이지로 접근할 수 있는데, 대문자로 입력 시에는 접근이 불가하다.

사이트맵 제출의 경우, 과거에는 사이트맵을 따로 제작해야 했지만, 지금은 티스토리에서 사이트맵을 제공하는 덕분에 등록 방법이 더욱더 쉬워졌다. 'sitemap.xml'을 입력하고 확인을 누르면 네이버 웹마스터 도구 등록은 완료된다.

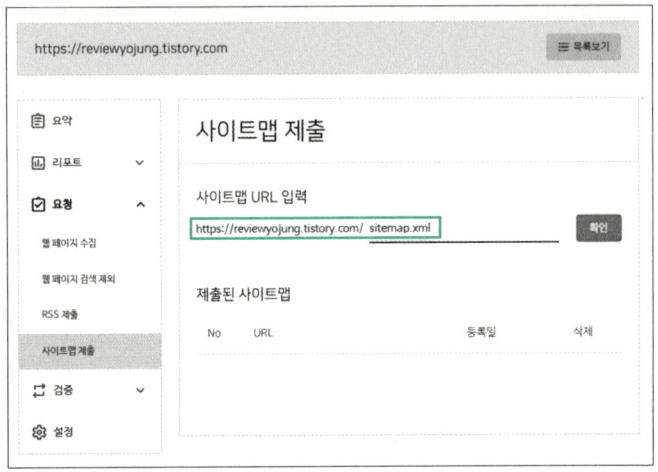

구글 사이트 등록

구글 서치 콘솔 등록 STEP1

구글 사이트 등록은 구글 서치 콘솔 페이지에서 할 수 있다. 여기서 티스토리는 도메인이 아닌 URL 접두어로 등록해야 한다. 'https://aaa.tistory.com' 형식으로 자신의 블로그 주소를 입력한다.

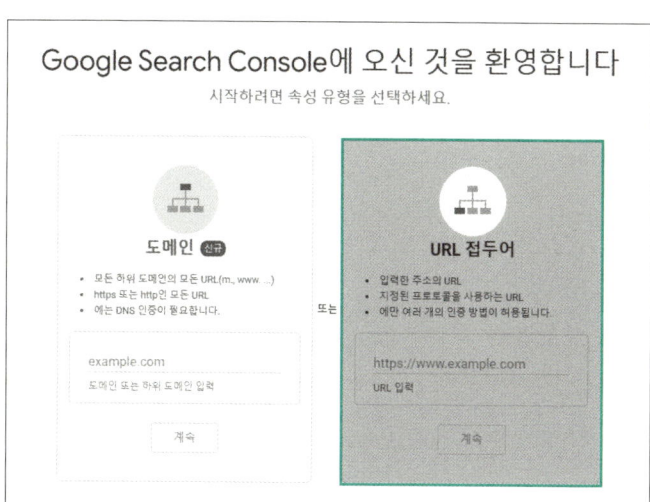

〈구글 서치 콘솔 - https://search.google.com/search-console〉

구글 서치 콘솔 등록 STEP2

네이버 웹마스터 도구 등록 방법과 동일하게 구글 서치 콘솔도 HTML 태그 방식으로 사이트 소유 확인을 해야 한다. 코드를 복사하여 네이버에서 등록했던 것처럼 'head' 영역에 붙여 넣으면 등록이 완료된다.

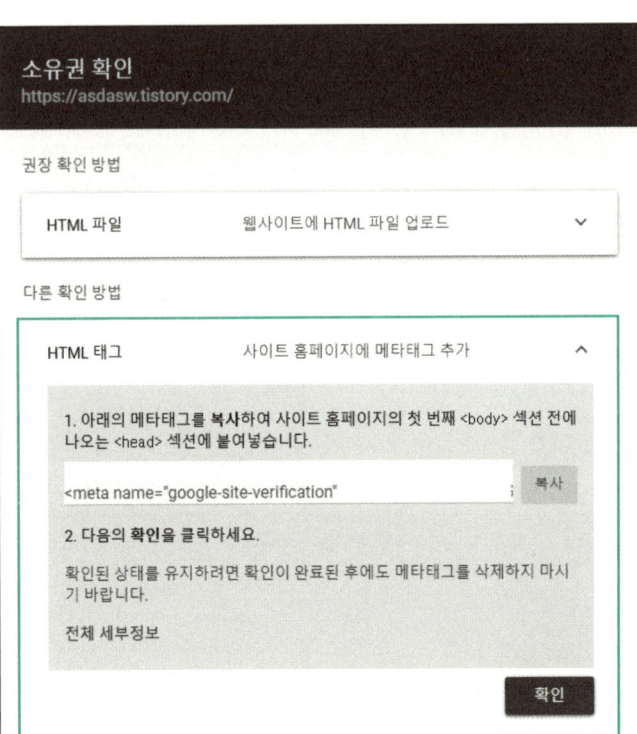

구글 서치 콘솔 등록 STEP3

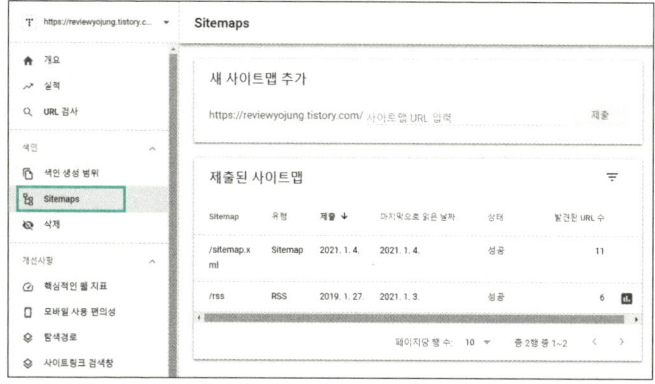

구글에서 내 블로그의 콘텐츠를 잘 수집하도록 하기 위해서는 이전과 마찬가지로 사이트맵과 RSS를 등록해야 한다. 구글 서치 콘솔은 RSS 등록 창이 따로 없기 때문에 'Sitemaps' 메뉴에서 'sitemap.xml'과 'rss'를 입력하면 모든 등록은 완료된다.

초심자를 위한 리남의 보충수업
〈블로그 검색 등록하는 방법〉

시작은
구글 애드센스로 하라

구글 애드센스 승인 TIP : 정공법과 편법

제휴마케팅이 아닌 구글 애드센스, 네이버 애드포스트, 다음 애드핏 등의 광고 플랫폼을 이용해서 광고를 게재하기 위해서는 별도의 승인 과정이 필요하다. 그리고 이 중에서 구글 애드센스는 '애드고시'라는 말이 생겨났을 정도로 승인받기 어렵다. 애드센스의 광고 게재 승인이 어려워진 이유는 타 플랫폼과 비교해 수익이 높은 만큼 구글 애드센스를 악용하는 사례가 많아졌기 때문이다.

그래서 이러한 사례를 조금이나마 예방하는 차원에서 좋은 콘텐츠를 생산하는 블로그인지를 검증하는 과정이라고 이해하면 좋을 것 같다. 다만 지금도 계속해서 광고 게재 승인의 조건이 까다로워지고 있으니 일단 애드센스 승인을 받아두라고 강조하고 싶다. 시간이 지나면 지날수록 승인받기가 더 어려워지기 때문이다.

구글 애드센스 승인 : 정공법

애드센스 승인 방법을 이야기하기 전에 우리가 꼭 알아두어야 하는 내용이 있다. 바로 100% 확실한 승인 방법은 존재하지 않는다는 사실이다. 앞서 이야기했듯 구글 애드센스 승인 과정은 스패머(Spamer)를 방지하기 위해 만들어졌고, 아무리 좋은 블로그 운영 방법이라고 하더라도 악용을 막기 위해 구글 애드센스 승인 정책은 매번 바뀌고 있다. 다만 한 가지 변하지 않는 게 있다면 애드센스는 결국 양질의 콘텐츠가 있는 블로그를 원한다는 사실이다. 그러므로 애드센스를 신청하기 전에 다음과 같은 조건을 충족하는 것이 좋다.

애드센스 승인 조건

1. 콘텐츠 분량
- 권장 조건: 공백 제외 기준 최소 3000자 이상 작성한다.
- 최소 조건: 공백 제외 기준 최소 1500자 이상 작성한다.

2. 콘텐츠 개수
- 권장 조건: 공개 글 50개 이상 되었을 때 신청한다.
- 최소 조건: 공개 글 30개 이상 되었을 때 신청한다.

3. 유사 문서를 절대 작성하지 않는다. (★★★★★ 매우 중요)

애드센스 승인이 거절되는 대부분의 사유는 콘텐츠 부족과 유사 문서다. 같은 방식으로 블로그를 운영하더라도 블로그에 따라, 그리고 시기에 따라 승인 시점이 달라지기 때문에 정확한 개수가 정해져 있는 것은 아니다. 하지만 많은 테스트를 진행한 결과, 콘텐츠 분량이 적을수록 더 많은 글이 필요했고, 앞서 말한 조건보다 더 적은 글로 승인되는 경우도 있었지만, 훨씬 더 많은 글이 필요한 경우도 있었다. 그러므로 내가 애드센스 승인 조건이라고 내건 항목들은 지금까지 수백 명 이상의 승인을 도와주며 얻은 평균값이라고 생각하면 좋을 것 같다.

다음으로 애드센스 승인을 받기 위해서는 절대 유사 문서를 생산하지 않는 것이 좋다. 다른 사람이 작성한 글을 아예 베끼는 것은 말할 필요도 없으며, 여러 개의 글을 짜깁기하거나 문체만 바꿔서 작성하는 경우에도 유사 문서로 판단될 수 있다. 결국 나만의 오리지널 콘텐츠를 제작하는 게 승인에 유리하다.

구글 애드센스 승인: 편법

애드센스 승인에도 편법은 존재한다. 유명한 책은 특정 내용이 인터넷에 그대로 기재되어 있는 경우가 많다. 그저 좋아하는 문구를 한두 줄 정도 옮긴 것이라고 하더라도 이미 널리 알려진 글을 그대로 작성할 경우 유사 문서로 판단될 수 있다. 그래서 노래 가사 등을 옮겨 적는 블로그는 승인 속도가 느린 편이다. 반면 인터넷에 없는 서적의 내용을 그대로 옮길 경우 저작권 문제를 떠나서 포털은 해당 콘텐츠를 신뢰하고 광고 게재를 승인하게 된다. 즉, 인터넷에 없는 내용이라면 애드센스 승인에 절대적으로 유리하다.

> **애드센스 승인 편법**
> - 전공 서적 등 인터넷에 없는 책의 내용을 그대로 작성한다.
> - 해외 뉴스 기사 등을 번역기로 번역해서 작성한다.

그럼 정공법과 편법 중 어떠한 방법을 이용하는 것이 좋을까? 나는 개인적으로 편법은 알고 있되 직접 적용해보라고 절대 추천하지 않는다. 첫 번째 이유는 내가 작성하는 모든 글이 나중에 그대로 수익으로 돌아오기 때문이다. 애드센스가 승인되면 기존에 작성했던 모든 글에 광고를 게재할 수 있다. 이 말은 광고를 할 수 있는 약 30~50개의 무기가 준비되는 것을 뜻한다.

이는 단순히 수익적인 부분만을 이야기하는 것이 아니다. 사람은 확고한 목표가 있을 때 원동력을 얻는다. 당장 수익이 눈에 보이지 않더라도 승인이라는 명확한 목표와 기대감이 있기에 30~50개의 글을 작성할 수 있다. 또한 이 기간을 거치면서 자연스레 수익형 블로그 운영에 대한 데이터와 경험을 쌓게 된다. 즉, 승인을 받은 시점이 되면 생각보다 많은 것을 얻게 된다는 것을 알아야 한다.

하지만 편법을 통해 승인받을 경우 콘텐츠 구성을 처음부터 다시 시작해야 하며, 당연히 경험이나 데이터도 존재하지 않는다. 확고한 목표나 확신 그리고 성과가 없는 상태에서 남들 만큼의 경험을 다시 쌓는 것은 생각처럼 쉽지 않다. 무엇보다 저작권 등으로 소송을 당하면 더 큰 문제를 야기할 수 있다. 그러므로 느리지만 자기 콘텐츠를 통해 단돈 1000원이라도 꾸준히 들어오는 파이프라인을 만드는 게 중요하다.

두 번째 이유는 편법은 결국 막히기 때문이다. 물론 지금 당장은 이 방법들이 통할 수 있다. 하지만 로직은 계속해서 진화하고 있고, 이미 번역문이나 종결어미가 다른 글도 조금씩 파악하고 있기 때문에 장기적으로 득보다 실이 많을 것이다. 그럼에도 내가 편법을 소개하는 이유는 명확하다. 상황에 따라 편법을 활용해야 하는 순간이 있기 때문이다. 이 편법을 그대로 적용하는 게 아니라 아이디어로 삼는 것이다. 가령 '유사 문서를 피해야 한다'라는 생각에서 '인터넷에 없는 글을 위해 나만의 스토리를 써야 한다'라는 결론도 도출할 수 있다. 이처럼 하나의 사례를 통해 생각의 틀을 넓히면 더 다양한 방향으로 아이디어를 떠올리는 데 도움이 될 것이다.

구글 애드센스 신청하기

애드센스 승인 조건을 충족하였다면 이제 신청을 해야 한다. 그리고 이때 알아두어야 하는 몇 가지 주의사항과 자주 묻는 말을 정리해두었으니 이 내용을 모두 숙지하고 신청하면 좋겠다.

애드센스 신청하기 STEP1

〈구글 애드센스 - https://www.google.com/intl/ko_kr/adsense/start/〉

애드센스는 1인 1계정을 원칙으로 하고 있어서 한번 신청하면 이후 다른 계정을 사용할 수 없다. 그러므로 애드센스 계정으로 사용하고자 하는 구글 아이디로 로그인해서 구글 애드센스 홈페이지로 접속하고 시작하기를 누른다.

애드센스 신청하기 STEP2

사이트 URL에 자신의 블로그 주소 'https://aaa.tistory.com'을 입력한다. 그리고 애드센스와 관련된 메일을 받을 이메일 주소를 입력하고 '예'를 누른 뒤 '저장하고 계속하기'를 누른다.

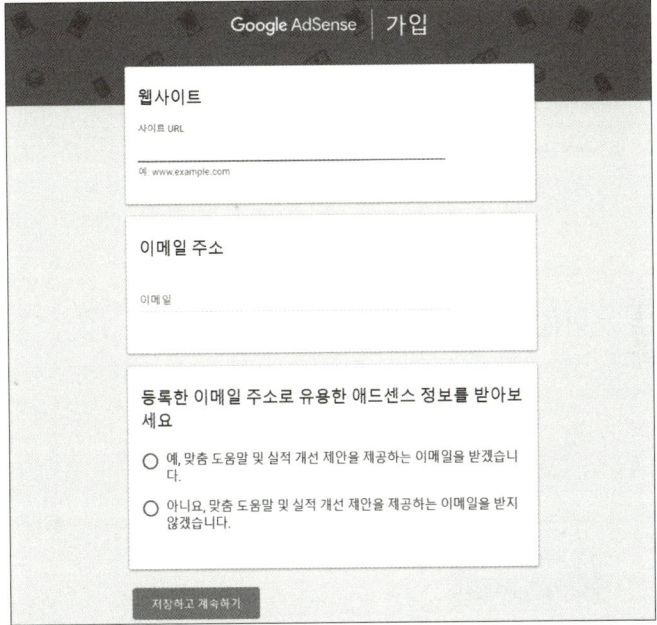

애드센스 신청하기 STEP3

국가를 대한민국으로 선택하고 이용약관에 동의한 뒤 '계정 만들기'를 누른다.

애드센스 신청하기 STEP4

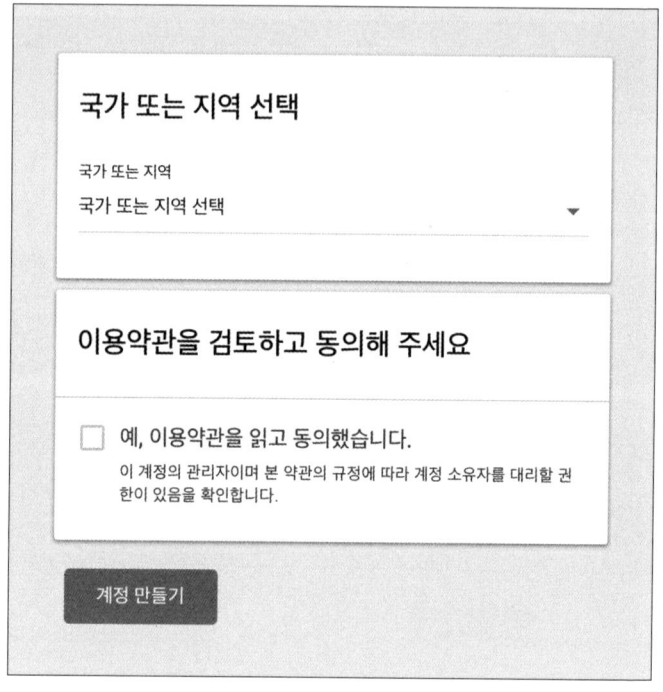

애드센스 신청을 할 때 '수취인 주소와 세부정보'를 입력하는 단계가 있다. 그리고 애드센스는 100달러가 되었을 때 설정된 주소로 핀 번호를 발송하는데, 계정 소유자임을 증명하는 이 핀 번호를 입력하지 못하면 수익금이 지급되지 않는다. 따라서 수익금을 받고 싶다면, 핀 번호가 나에게 무사히 도착할 수 있도록 주소를 올바르게 입력했는지 반드시 확인해야 한다.

애드센스 신청하기 STEP5

필요한 정보를 모두 입력하면 이러한 코드가 주어지는데, 애드센스 코드는 지난번 사이트 등록과 마찬가지로 신청하는 블로그가 내 블로그라는 것을 확인하는 용도다.

사이트 등록과 마찬가지로 블로그 스킨 편집에서 HTML 편집으로 들어가 '〈head〉'와 '〈/head〉' 사이에 붙여 넣으면 된다. 그리고 이 코드는 이후 자동 광고 코드로도 사용되는데, 애드센스 승인 이후 내 블로그에 광고가 없으면 구글에서 자동으로 광고를 삽입해준다. 만약 자동 광고를 원치 않는다면 이 코드를 지우면 되고, 코드를 지워도 애드센스 승인은 그대로 유지된다.

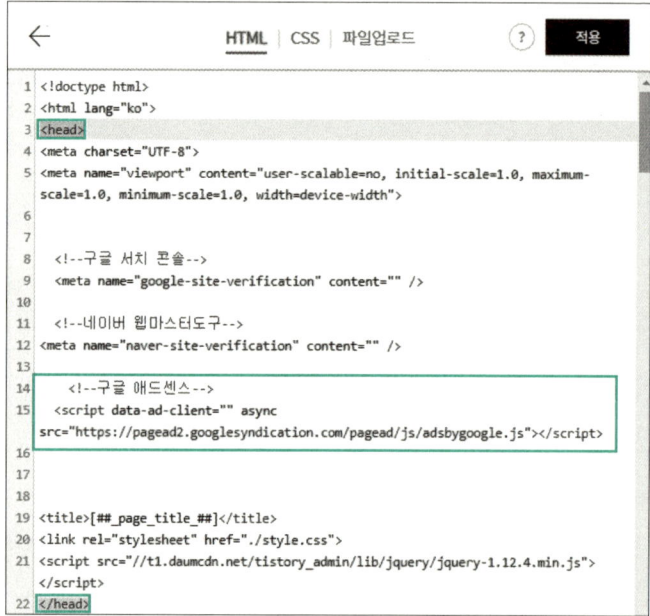

승인과 관련하여 자주 묻는 질문

'애드센스 계정은 몇 개까지 가능한가요?'

애드센스는 1인 1계정이 원칙으로, 그 이상으로 계정을 생성하면 중복 계정으로 제재를 받는다. 그리고 이는 블로그뿐만 아니라 유튜브도 마찬가지인데, 실제로 나는 유튜브에 다른 계정을 연동했다가 문제를 경험했다. 따라서 기존의 유튜브와 연동된 애드센스 계정이 있다면 애드센스 메뉴에 있는 '사이트'에서 '사이트 추가'로 블로그를 승인받아야 하며, 블로그를 하다가 유튜브를 운영하는 경우에는 기존에 이용했던 애드센스 계정을 유튜브에 연동해주어야 한다.

'블로그 한 개만 애드센스 광고가 가능한가요?'

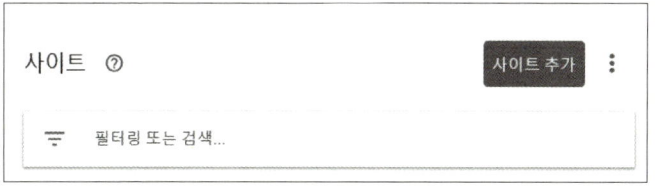

애드센스 광고를 게재하기 위해서는 도메인(블로그 주소) 단위로 개별 승인을 받아야 하며, 애드센스 계정 한 개에 제한 없이 사이트를 등록할 수 있다. 예를 들어 블로그 A를 애드센스 A로 승인받았다면, 이후 블로그 B도 애드센스 A에서 승인을 받아야 한다. 그리고 이미 애드센스 계정이 있기 때문에 STEP1부터 STEP4까지의 절차 없이 STEP5만 진행하면 된다.

'애드센스 승인 기간은 얼마나 소요되나요?'

애드센스 승인 검토 기간은 약 2~4주 정도 소요되며, 승인 결과는 메일로 통보된다. 그리고 상황에 따라 하루 만에 승인이 되기도 하고, 한 달 이상 소요되는 경우도 있는데, 2020년 코로나 사태 초기에는 인력 부족으로 두 달 이상이 소요되기도 했다. 정확히 정해진 기간은 없으니 최소 한 달 정도는 소요된다고 생각하면 좋다. 그리고 승인을 기다리는 동안 어떠한 안내도 없어서 불안해하는 경우도 많았는데, 원래 안내가 없으니 걱정할 필요가 전혀 없다. 승인을 기다리며 작성하는 글도 나중에 곧 수익과 직결되므로 글을 작성하면서 느긋한 마음을 갖는 게 최선이다.

초심자를 위한 리남의 보충수업
〈구글 애드센스 승인 받기〉

구글 애드센스 사용법

애드센스 승인을 받았을 때 가장 먼저 해야 하는 것은 모든 메뉴를 한 번씩 확인해보는 것이다. 어떠한 기능이 있고 무엇을 설정할 수 있는지 미리 알아두면, 앞으로 블로그 운영에 필요한 게 있을 때 당황하지 않고 조작할 수 있다. 이뿐만 아니라 앞으로 무엇을 시도하고 테스트해볼지도 떠올려볼 수 있다. 무엇보다 애드센스는 몇 가지 주의사항이 존재한다. 예를 들어 내 광고를 내가 클릭하거나 광고 클릭을 유도하는 행위 등이 포함되는데, 이러한 내용은 애드센스 프로그램 정책을 통해 확인할 수 있으니 꼭 한 번 읽어보기를 권장한다. (애드센스 정책 - https://support.google.com/adsense/answer/48182?hl=ko)

애드센스 지급 설정

애드센스 수익금을 지급받기 위해서는 지급받고자 하는 계좌를 등록해야 한다. 지급 설정 방법을 배우기 전에 몇 가지 내용을 알아둘 필요가 있다.

> 1. 구글 애드센스 명의와 계좌 명의가 일치하지 않아도 된다. 예를 들어 부모님 계정으로 애드센스 승인을 받아 내 계좌를 등록하는 것도 가능하다.
>
> 2. 애드센스 수익금은 달러로 지급된다. 국내 계좌를 이용하는 경우 한화로 환전되어 입금되고, 외환계좌를 이용하면 달러로 입금된다.
>
> 3. 애드센스 출금 금액을 설정할 수 있다. 지급에 있는 설정 관리에서

'지급 일정'을 누르면 지급 기준액을 입력할 수 있는데, 1000달러로 설정하면 누적 수익금이 1000달러 이상 되었을 때 자동으로 출금된다. 최소 지급 기준액은 100달러다.

4. 애드센스 수익금은 매월 21일에 입금된다. 외환이 입금되는 만큼 은행에 따라 실제 입금일에 차이가 발생할 수 있으며, 최소 지급 기준액에 미달되어 출금이 안 될 경우 다음 달로 이월된다.

여기서 핵심은 내가 설정한 지급 기준액이나 최소 지급 기준액을 충족해야 출금이 되고 달러로도 수익을 받을 수 있다는 것이다. 이러한 점을 이용하여 외환계좌로 수익금을 지급받거나 지급 기준액을 올려 출금 시기를 조절하는 방식으로 간접적인 달러 투자도 가능하다. 2020년을 기준으로 최고점과 최저점의 환율 차가 10% 이상이었다는 것을 고려하면 수익이 많을수록 무시할 수 없는 부분이기에 이런 방법도 있다는 걸 알아두면 좋겠다.

애드센스 지급 설정 STEP1

애드센스 지급 메뉴에서 '지급받을 방법'에 있는 '결제 수단 관리'로 들어간다.

애드센스 지급 설정 STEP2

결제 수단 추가에서 내가 지급받고자 하는 계좌 정보를 입력하면 된다. 단, 구글 애드센스 수익은 해외에서 달러로 입금되기 때문에 이 내용을 영어로 작성해야 한다. 아래에 정리된 영문 은행명과 SWIFT 은행 식별 코드를 참고하여 작성하고 저장하면 된다.

은행명	영문 은행명	SWIFT 은행 식별 코드
국민은행	KOOK MIN BANK	CZNBKRSE
기업은행	INDUSTRIAL BANK OF KOREA	IBKOKRSE
신한은행	SHIN HAN BANK	SHBKKRSE
외환은행	KOREA EXCHANGE BANK	KOEXKRSEXXX
우리은행	WOORI BANK	HVBKKRSEXXX
하나은행	HANA BANK	HNBNKRSE
우체국	KOREA POST OFFICE	SHBKKRSEKPO
카카오뱅크	KAKAOBANK CORP	CITIKRSXKAK
부산은행	BUSAN BANK	PUSBKR2P
대구은행	DAEGU BANK	DAEBKR22
광주은행	THE KWANGJU BANK, LTD	KWABKRSE
SC제일은행	STANDARD CHARTERED FIRST BANK KOREA	SCBLKRSE
농협	NATIONAL AGRICULTURAL COOPERATIVE FEDERATION	NACFKRSEXXX

애드센스 광고 게재 방법

애드센스 광고 게재 방법은 크게 두 가지가 있다. 하나는 자동 광고를 사용하는 것이고, 다른 하나는 내가 원하는 위치에 수동으로 광고를 넣는 것이다. 이 두 가지 방법을 같이 사용하면 조금 더 효율적으로 광고 삽입을 할 수 있다.

'자동 광고 게재 방법'

티스토리 관리자 화면에서 수익 메뉴에 들어가면 애드센스 연동을 할 수 있다. 'Google 로그인'을 눌러서 연동하면 티스토리에서 광고를 쉽게 넣거나 간단한 수익 보고서를 확인할 수 있다.

애드센스 연동을 하면 수익 메뉴에 '애드센스 관리' 버튼이 새롭게 나타난다. 여기서 내가 원하는 위치를 체크하면 모든 글의 해당 위치에서 광고가 송출되는데, 본문 상단과 하단은 기본적으로 활성화하는 것이 좋고, 자동 광고를 게재하고 싶다면 전체 자동 광고도 체크하면 된다.

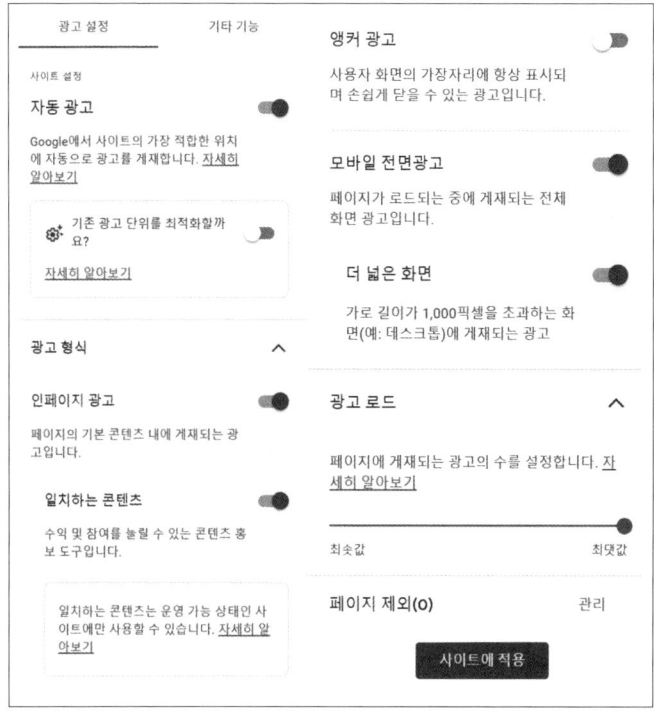

애드센스에서 광고 메뉴로 들어가면 승인받은 내 블로그 주소를 확인할 수 있다. 그리고 그 옆에 있는 연필(수정) 아이콘을 누르면 광고 설정 화면으로 진입할 수 있는데, 여기서 자동 광고와 관련된 설정을 할 수 있다.

> **광고 종류**
>
> 1. 인페이지 광고
> - 가장 흔하게 보이는 일반적인 디스플레이 광고다.
>
> 2. 일치하는 콘텐츠
> - 여러 개의 관련 글이나 광고가 출력된다.
> - 일정 트래픽(약 일일 방문자수 1000명 유지)에 도달해야 설정할 수 있다.
>
> 3. 앵커 광고
> - 모바일에서 상단에 표시되는 광고다.
> - 스크롤을 따라다니는 플로팅 광고다.
>
> 4. 모바일 전면 광고
> - 페이지에 처음 진입했을 때 화면 전체를 뒤덮는 광고다.

자동 광고는 본문에 있는 광고 개수를 파악하여 광고가 많이 있을 때 자동으로 출력되지 않아 수동 광고와 함께 사용해도 문제가 되지 않는다. 그리고 이 기준을 결정하는 것이 '광고 로드'이며, 광고가 많이 출력되는 것을 원한다면 최댓값으로 설정하면 된다. 이외에 앵커 광고나 모바일 전면 광고는 취향에 맞게 사용하면 되는데, 이러한 광고는 가독성을 떨어트리고 방문자 이탈률을 높일 수 있어 개인적으로는 선호하지 않는다. 하지만 이 기능을 이용해서 많은 수익을 얻는 경우도 있으니 직접 사용해보며 결정하는 게 좋다.

수동 광고 게재 방법

애드센스 광고 메뉴에서 '광고 단위 기준'으로 들어가면 신규 광고 단위를 생성할 수 있다. '인피드 광고'는 글 목록에 자연스럽게 추가되는 광고를 의미하며, 수익적으로 큰 도움은 되지 않는다. 그리고 '콘텐츠 내 자동 삽입 광고'는 이름 때문에 조금 헷갈릴 수 있는데, 디스플레이 광고와 형태가 조금 다른 수동 광고다. 둘 다 사용해보면서 어떠한 차이가 있는지 비교해보면 좋을 것 같다.

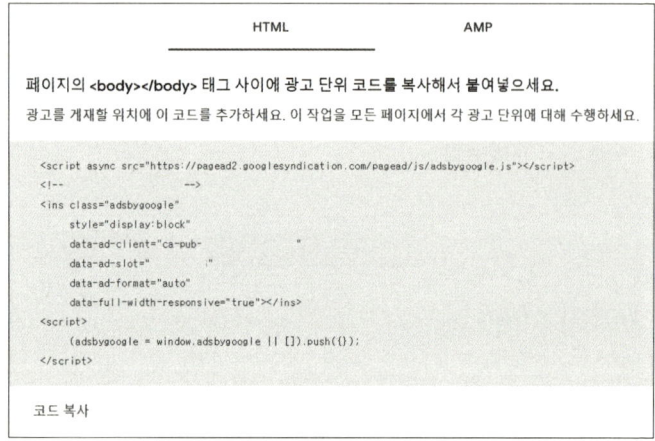

광고 단위를 생성하면 이렇게 광고 코드가 주어진다. 이 코드를 티스토리 서식으로 작성하거나, 메모장에 저장하여 사용하면 된다.

에디터에서 광고를 넣으려는 위치를 표시하고 HTML 모드로 진입하여 해당 부분을 지우고 광고 코드를 붙여 넣는다. 서식으로 광고 코드를 저장한 경우에는 이전에 배웠던 것처럼 해당 서식을 불러오면 된다.

```
카테고리

제목을 입력하세요

안녕하세요!

SCRIPT
https://pagead2.googlesyndication.com/pagead/js/adsbygoogle.js


SCRIPT
        (adsbygoogle = window.adsbygoogle || []).push({});


리뷰요정 리남입니다 :)                              TISTORY © Kakao Corp.
```

다시 기본 모드로 돌아오면 이렇게 광고가 삽입된 것을 확인할 수 있으며, 글을 발행하면 정상적으로 광고가 출력된다. 그리고 간혹 광고 위치가 빈칸으로 표시되는 경우가 있는데, 애드센스 승인을 처음 받았거나 글을 발행한 지 얼마 안 되었을 때는 하루 정도 기다리면 해결되는 부분이라서 너무 걱정할 필요가 없다. 하지만 하루가 지났는데도 보이지 않는다면 다른 기기로 확인해보는 것이 좋다.

> **광고 게재 방법 요약**
>
> - 티스토리에 있는 애드센스 관리와 애드센스 자동 광고를 이용하면, 모든 글의 상·하단과 광고가 들어갈 수 있는 위치에 자동으로 광고가 게재된다.
>
> - 내가 원하는 위치에 광고를 추가하고 싶을 때는 수동으로 광고 코드를 넣는다.

초심자를 위한 리남의 보충수업
〈애드센스 광고 넣는 방법〉

05
어떻게
나만의 무기를 갖는가

나만의 효과적인 무기를 갖는 방법

당신은 이제 수익형 블로그를 운영하기 위한 티스토리 블로그의 사용법을 배웠고, 애드센스 광고를 이용하는 방법까지 알게 되었다. 그럼 이제 무엇을 해야 할까? 유튜브로 수익을 얻으려면 동영상을 제작해야 하듯, 수익형 블로그로 돈을 벌기 위해선 글을 써야한다. 즉, 블로그를 통해 수익을 얻으려면 결국에는 글로 된 콘텐츠가 있어야 한다는 것이다. 그래야 당신이 원하는 방식대로 접근하고 새로운 방향으로 나아갈 수 있다.

주제 선정 가이드

일반적인 블로거라면 자신이 좋아하는 분야가 가장 좋은 주제가 되겠지만, 수익형 블로거에게 가장 좋은 주제란 경쟁률이 낮으면서 수익 효율이 높은 분야를 의미한다. 물론 수익형 블로거에게 좋은 주제가 무엇일지 궁금하겠지만, 사실 이 부분은 많이 민감해서 알리는 게 조심스럽다. 내가 특정 주제를 언급하면 경쟁을 심화시켜 모두에게 피해를 주기 때문이다. 그래서 이 부분은 주제 선정을 수월하게 그리고 독창적으로 할 수 있도록 다음과 같은 가이드를 제안하려고 한다.

주제 선정 가이드

1. 자신이 좋아하거나 잘 알고 있는 주제인가?
- 관심 분야가 아니면 다양한 소재를 생각할 수 없을 뿐만 아니라 콘텐츠의 질도 떨어질 수밖에 없다. 무엇보다 글을 빠르게 작성하는 최선의 방법은 내가 알고 있는 내용을 작성하는 것이다. 그러므로 최소한의 시간으로 글을 작성하고 싶다면 반드시 알고 있는 내용을 다루는 게 좋다.

2. 꾸준히 콘텐츠를 제작할 수 있는가?
- 콘텐츠를 제작하면서 가장 힘든 것은 소재 고갈이다. 유튜버나 블로거라면 누구나 겪게 되는 상황이며, 처음부터 고갈되지 않는 주제를 선정하면 조금 더 수월하게 콘텐츠를 제작할 수 있다. 예를 들어 매

> 년 진행하는 다양한 스포츠 경기나 신제품 리뷰, 이슈 등을 떠올려 볼 수 있다.
>
> 3. 해당 콘텐츠를 원하는 사람들이 있는가?
> - 수익을 목적으로 블로그를 운영한다면 글을 작성하는 게 목적이 되어서는 안 된다. 트래픽을 모을 수 없는 글은 무의미하며, 반드시 대중성에 대해 생각해야 한다. 고로 글을 작성할 때, 누군가에게 도움이 될 만한 정보를 담아 써야 한다.

글을 써보지 않은 사람이라면 무엇을 작성하는 게 좋을지 고민이 될 수 있는데, 내가 해줄 수 있는 최선의 조언은 처음부터 완벽한 상태로 시작하겠다는 생각을 버리라는 것이다. '좋은 주제로 시작한다'보다는 '좋은 주제를 알아가겠다'라는 생각으로 접근해야 하며, 내 경험상 가장 좋은 방법은 써볼 수 있는 주제를 나열하여 모두 다뤄보는 것이었다. 또한 블로그에 글을 작성하는 이유가 평가를 받기 위한 게 아니라 트래픽을 모으는 것이기에 너무 전문적인 지식을 써야 할 필요도 없다.

그러므로 일단 부담 없는 주제를 정해서 써라. 내가 쓴 글의 반응을 살피며 트래픽을 모으는 데 적합한 문장력을 갖추는 것도 재미가 쏠쏠하다. 무엇보다 이렇게 직접 몸으로 부딪치며 쌓은 경험은 훗날 주제별 광고 효율이나 트래픽을 파악하는 데 매우 큰 도움이 될 것이다.

초심자를 위한 리남의 보충수업
〈블로그 주제 선정 TIP〉

좋은 콘텐츠의 진정한 의미

나는 책을 쓰면서 블로그 글쓰기와 책 쓰기는 서로 같은 행위임에도 아주 다르다는 것을 느꼈다. 글을 쓰는 목적이 다르기 때문에 노력과 집중 그리고 부담감 등의 차이도 있겠지만, 그것을 떠나 근본적으로 글을 쓰는 방식 자체가 완전히 다르다. 그런데도 대부분의 사람이 블로그를 처음 시작할 때 책을 쓰는 것처럼 글을 쓴다.

초보자 글쓰기 가이드

1. 글을 쓰는 이유는 나와 블로그를 위해서다.
- 글쓴이 입장에서 읽을 사람을 고려하는 건 당연하지만, 이것은 결과적으로 방문자가 아닌 나의 수익을 위해서다. 기본적으로 포털은 방문자가 내 글을 오래 읽고 많이 읽을수록 더 좋은 콘텐츠와 블로그라고 판단한다. 즉, 방문자의 이런 행동이 곧 나에게 도움이기 때문에 고려해야지, 그 이상의 것을 제공하려고 너무 애쓸 필요는 없다.

더 좋은 표현이나 문장 등을 고민하며 전전긍긍하면 오히려 블로그 글쓰기를 지속할 수 없게 된다.

2. 글을 읽는 입장에서 생각해보자.
- 방문자의 입장에서도 책과 블로그 콘텐츠를 소비하는 방식에 차이가 있다. 이는 멀리서 찾을 필요도 없이 당장 나만 봐도 알 수 있는데, 어제 읽었던 뉴스 기사나 블로그의 글도 제대로 기억하지 못하는 경우가 종종 있다. 제목은커녕 그것을 제공한 곳의 이름조차 모른다. 이는 블로그 콘텐츠가 단순히 소비에서 끝나는 특징 때문에 그렇다. 그러므로 방문자가 글을 읽는 순간에 불쾌감을 느끼지 않을 정도의 수준이면 충분하다.

3. 내 글은 방문자에게 평가받는 게 목적이 아니다.
- 내 글을 평가하는 대상이 있다면 그것은 방문자가 아닌 포털이다. 그러나 포털의 로직은 내 글의 퀄리티를 판단하지 못한다. 그래서 맞춤법이 모두 틀려도 문제가 되지 않으며, 당장 생각나는 단어나 표현이 없다면 풀어서 작성해도 무방하다. 오히려 풀어서 작성하면 글자 수가 더 늘어나서 유리할 수 있다. 로직은 프로그램에 불과하다는 것을 잊지 말자.

4. 좋은 콘텐츠의 기준은 무엇인가?
- 수익형 블로거에게 좋은 콘텐츠란 돈이 되는 글을 의미한다. 그리고 방문자에게 좋은 콘텐츠란 자신이 원하는 것을 제공하는 글을 의미한다. 무엇보다 포털의 입장에서 좋은 콘텐츠란 자신들의 정책과 로직에 부합하는 글을 의미한다. 다시 한번 생각해보자. 우리에게 좋은 콘텐츠란 무엇인가? 우리는 무엇을 위해 글을 쓰는가? 우리가 고려해야 하는 것은 무엇인가? 콘텐츠를 작성하며 이 세 가지 질문을 잊지 않길 바란다.

그렇다고 좋은 퀄리티의 글을 작성하지 말라는 것은 결코 아니다. 단지 내가 처음 블로그를 시작을 할 때 그랬듯이, 문장 하나하나에 너무 신경 쓰면 쉽게 지치기 때문에 부담을 갖지 말자는 의미다. 어쨌든 좋은 콘텐츠가 무엇인지 스스로 생각해보고, 방문자뿐만 아니라 모든 블로거를 위한 좋은 콘텐츠를 제작할 수 있었으면 좋겠다.

사람들은 나에게 관심이 없다

모방은 창조의 어머니라는 말이 있다. 아예 무에서 시작하는 것보다는 무언가를 참고하는 게 훨씬 수월하며, 참고하는 과정에서 새로운 방식을 만들어낼 수도 있는 만큼 다른 사람들이 쓴 글을 많이 읽어보는 게 좋다. 한 가지 주의할 점은 잘못된 모방을 해서는 안 된다. 실제로 이전의 블로그 세대는 파워블로그를 목표로 운영했지만, 대부분 파워블로그가 되지 못했다. 이런 블로그에는 공통점이 있었다. 바로 브랜딩이 안 된 상태에서 다른 브랜딩 블로그를 모방했다는 점이다.

> 안녕하세요~ 이웃님들! 저는 일 년에 놀이공원을 네 번 정도 가는 거 같아요. 올해는 에버랜드만 세 번 다녀왔는데 우리 아들이 생일에 또 가고 싶다고 해서 올해는 네 번 모두 에버랜드만 다녀왔어요. 일기예보에 비가 온다고 해서 그런지 사람들이 많지는 않더라고요. 덕분에 놀이기구 줄이 길지 않아서 좋았어요. 놀이기구 타는 걸 좋아하는 남편이랑 아들은 신나게 돌아다니고 저는 롤러코스터 하나 탔더니 힘들어서 앉아만 있었네요. 그래도 아들이 행복해하는 모습을 보니 저도 행복했어요.

이 글의 문제점은 무엇일까? 누군가에는 문제가 없어 보일 수도 있고, 누군가는 너무 일기처럼 쓴 것을 문제 삼을 수 있으며, 누군가는 재미없다고 느낄지도 모르겠다. 그런데 결과적으로 이 글은 아무런 문제가 없다. 꼭 문제가 있을 것처럼 얘기하더니 이제 와서 무슨 말을 하는 거냐고? 사실 이 글은 파워블로그에 올라왔던 내용을 재구성한 것이다. 당신도 블로그의 글을 많이 접해봤다면 자신의 일상을 소개하는 콘텐츠들을 많이 봤을 것이다. 어느 정도의 일상 공개는 내 콘텐츠를 정기적으로 읽는 독자에게 친근감을 느끼게 하는 장치가 될 수 있어 긍정적인 효과를 준다.

하지만 신규 블로그에서 이렇게 글을 작성하는 것은 문제가 된다. 적어도 수익을 목적으로 한다면 말이다. 사람들이 콘텐츠를 소비하는 이유는 크게 두 가지가 있다. 하나는 그 사람에게 관심이 있어서이고, 다른 하나는 정보를 얻고 싶어서다. 이미 유명한 인플루언서라면 유튜브의 경우 그냥 앉아만 있어도, 블로그의 경우 점만 하나 찍어놔도 사람들이 많은 의미를 부여하며 볼 것이다. 그러나 내가 아무리 열심히 콘텐츠를 제작해도 잘 알려진 사람이 아니라면 반응을 얻기까지 상당한 시간이 걸린다. 나에게 관심이 없기 때문이다.

따라서 인지도가 없는 사람이 신규 채널을 개설해 성장하고자 한다면, 누군가가 궁금해할 소재로 시작하는 것이 좋다. 검색해서 콘텐츠를 소비하는 블로그의 특성상 정보를 제공하는 콘텐츠를 제작하는 게 유리하다. 예를 들어 예시에 있는 에버랜드 관련 소재를 이용할 경우 파워블로그는 일기를 작성해도 괜찮겠지만, 처음 시작하는 사람이라면 에버랜드와 관련해서 사람들이 궁금해할 내용들을 다뤄주는것이 좋다. 가령 에버랜드 자유이용권, 개장 시간 등이 있고, 이러한 정보를 중심으로 쓰면서 내 경험을 조금씩 담으면 금상첨화다.

> A) 안녕하세요~ 이웃님들! 저는 일 년에 놀이공원을 네 번 정도 가는 거 같아요. 올해는 에버랜드만 세 번 다녀왔는데 우리 아들이 생일에 또 가고 싶다고 해서 올해는 네 번 모두 에버랜드만 다녀왔어요. 일기

> 예보에 비가 온다고 해서 그런지 사람들이 많지는 않더라고요. 덕분에 놀이기구 줄이 길지 않아서 좋았어요.
>
> B) 안녕하세요~ 이웃님들! 올해에 에버랜드만 세 번 다녀오면서 알게 된 에버랜드 이용 팁을 알려드릴게요.… 놀이기구를 탈 때 기다리는 게 싫으신 분들은 비가 올 때 가시면 좋을 것 같아요. 줄이 전혀 없더라고요!

즉, A와 같이 내 이야기에 정보를 녹이는 게 아니라, B처럼 정보에 내 이야기를 녹여야 한다는 것이다. 그리고 글을 이렇게 작성하는 데는 체류시간(사람들이 내 글에 머물러 있는 시간)을 높이려는 목적도 있지만, 가장 큰 이유는 키워드다.

키워드란 사람들이 검색하는 단어나 문장 등의 검색어를 의미하는데, 블로그 운영에 키워드는 시작과 끝이라 할 수 있을 정도로 중요한 요소다. 이 키워드와 일치하는 제목과 내용을 작성하지 않으면 내 글은 해당 검색어로 노출되지 않는다는 점을 명심하라.

> A) 가족과 함께 다녀온 에버랜드 나들이!
> B) 에버랜드 자유이용권과 이용 팁을 알려드릴게요.

조금 더 이해를 돕기 위해 예를 하나 들어보겠다. 포털에 '에버랜드 자유이용권'이라고 검색을 하면 과연 어떻게 될까? 장담하건대 B의 글만 노출된다. 더 좋은 콘텐츠라 하더라도 노출이 되지 않으면 의미가 없다. 그러므로 사람들이 검색하는 키워드를 파악하여 해당 키워드로 제목과 본문을 구성할 필요가 있다. 포털의 입장에서 좋은 콘텐츠란 이렇게 키워드가 잘 잡힌 글을 의미하기 때문이다. 그리고 이때 '블랙 키위'나 '구글 트렌드'와 같은 도구를 이용하면 한 달에 몇 명이 검색(검색량)하고, 기존에 작성된 문서(경쟁률)는 몇 개가 있는지 등을 더 쉽게 분석할 수 있다.

> **키워드 검색 도구**
> - 블랙 키위 https://blackkiwi.net/
> - 구글 트렌드 https://trends.google.co.kr/trends/?geo=KR

초심자를 위한 리남의 보충수업
〈키워드 추출 방법〉

장기적으로 필요한 마인드

당연한 이야기지만 무언가에 도전해서 성공하는 사람은 비율적으로 봤을 때 소수가 될 수밖에 없다. 그리고 나는 성공하는 사람과 그렇지 못한 사람의 차이를 마음가짐에 있다고 생각하는데, 장기적으로 블로그를 운영하고 싶다면 다음과 같은 내용을 꼭 기억해뒀으면 한다.

> **부업**
>
> 1. 목표와 욕심은 다르다.
> - 무언가를 시작할 때 목표를 설정한다는 건 매우 중요하다. 목표가 명확할수록 동기부여가 되며, 목표 달성을 위해 노력할 수 있기 때문이다. 하지만 잘못된 목표를 설정한다면 이상과 현실에 괴리가 생겨 동기 저하의 원인이 된다. 그러므로 막연한 욕심보다는 자신의 현실에 맞는 단기적인 목표를 세울 필요가 있다.
>
> 2. 블로그는 기다림의 연속이다.
> - 블로그를 운영할 때 가장 중요한 것은 꾸준함이다. 본인의 노력과는 상관없이 포털에서 내 블로그의 글이 제대로 검색되기 위한 시간이 필요하고, 시간이 흐름에 따라 돈이 되는 글이 하나둘 늘어나 수익이 되기 때문이다. 그래서 씨를 뿌리는 농부의 마음으로 꾸준히 글을 작성하며 수확의 날을 기다릴 수 있어야 한다.

전업

1. 블로그는 경쟁이다
- 순위가 결정되는 경쟁의 특성상 모두가 1등이 될 방법은 없으며, 정말 필요한 정보는 쉽게 공유되지 않을 수 있다. 그러므로 누누이 강조했듯이 스스로 다양한 방향을 생각하고 실험하며 경쟁력을 키워야 한다.

2. 본질을 꿰뚫는 힘을 길러야 한다.
- 어떠한 방법에 의존해서는 안 된다. 포털과 트렌드는 계속해서 변화하기 때문에 방법은 언제든 바뀔 수 있다. 무조건 최적화(특정 포털에서 검색이 잘되는 블로그)되는 방법, 저품질(특정 포털에서 검색되지 않는 블로그)에 걸리지 않는 방법은 존재할 수 없음을 확실히 인지해야 한다. 또한 광고를 클릭하는 것은 결국 사람의 의지에 따라 변하기 때문에 광고를 클릭하게 만드는 절대적인 방법도 존재할 수 없다. 따라서 어떠한 정보를 접할 때 방법보다는 내용의 핵심을 꿰뚫을 수 있어야 하고, 미세한 변화를 인지해 그 변화에 적응할 수 있도록 노력해야 한다.

3. 사업가 마인드를 가져야 한다.
- 디지털 노마드가 된다는 것은 결국 전업으로 프리랜서나 사업자가 됨을 뜻한다. 어딘가에 고용이 된 것도 아니라서 최저 시급이 보장되지도 않는다. 그래서 안정적이지 않기 때문에 자신의 분야를 꾸준히 개척하려는 의지가 필요하다.

운영 방식에 따라 불가능한 것은 아니지만 블로그는 원래 단시간에 많은 수익을 얻을 수 있는 플랫폼이 아니다. 포털에서 내 글이 노출되는 데 시간이 걸릴 수밖에 없고, 티스토리의 콘텐츠를 밀어주는 다음만 해도 내 블로그가 최적화되는 데는 약 한 달이라는 시간이 소요된다. 하지만 서서히 글이 누적되면서 수익이 상승하는데, 한번 쌓아둔 수익은 어느 정도 지속되는 성질을 가지고 있다.

그래서 그게 얼마가 되었든 일하지 않고도 수익을 얻을 수 있는 시기는 반드시 온다. 내가 꾸준함을 강조하는 이유가 바로 이것이다. 그러나 전업을 생각한다면 그 금액이 얼마인가도 중요해지기 때문에 꾸준함은 물론이고 사업가의 마음으로 접근해야 한다.

꾸준함을 유지하는 방법

사실 꾸준함은 누군가 도와줄 수 있는 부분이 아니라고 생각한다. 결국 본인 스스로 지속할 이유를 찾아야만 하는데, 디지털 노마드에게 가장 필요한 자질은 바로 이것이 아닐까 생각한다.

1. 가능성과 믿음
- 나는 한계가 정해져 있는 일이 싫다. 그래서 한계가 없는 온라인 마케팅에 뛰어들었고, 누군가 돈을 벌고 있다면 나 또한 못 할 것은 없다고 생각했다. 이게 내가 꾸준히 노력할 수 있었던 가장 큰 원동력이다.

2. 명확한 목표 설정
- 내가 지금 얼마를 벌고 있든, 얼마가 필요하든 그것은 중요한 게 아니다. 블로그는 100% 성과제이고, 우리는 그 가능성을 기대하는 것이 아니겠는가? 무리한 목표를 설정하기보다는 지금의 내 실력에 맞는 목표를 정할 필요가 있다. 실제로 나는 당시 블로거의 평균 수익이었던 월 30만 원을 목표로 했고, 목표를 달성할 때마다 금액을 조금씩 늘려나갔다.

3. 나 자신과의 경쟁
- 좋은 라이벌이 있으면 서로 경쟁하며 더 나은 결과를 만들어나갈 수 있다. 하지만 블로그는 기본적으로 혼자 하는 것이기에 나는 나 스스로와 경쟁했다. 매일 수익을 기록하며 저번 주의 나, 저번 달의 나를 이기겠다는 생각을 가졌고, 실제로 승패를 기록했다. 실력이 비슷한 나 자신보다 더 좋은 경쟁 상대는 없다고 생각한다.

4. 글쓰기의 즐거움
- 블로그를 꾸준히 유지하기 위해 결국 가장 중요한 건 글쓰기에 재미를 붙이는 것이다. 글쓰기에 재미를 느끼지 못한다면 노동이 될 수밖에 없고, 꾸준함을 유지한다는 건 고통이 될 게 뻔하다. 다행히 지금 당장 글쓰기를 좋아하지 않는다고 하더라도 재미를 붙일 수 있는 요소는 많이 있다. 생각해보자. 우리는 누가 시키지 않아도 유튜브

와 커뮤니티 등에 댓글을 남기고, 보상이 없음에도 정보를 공유하는 경우가 많다. 이는 내 생각을 표출하고, 내가 좋아하는 것을 이야기하고, 타인에게 도움을 주는 것에 즐거움을 느끼기 때문이라고 생각하는데, 그게 무엇이든 블로그에 풀어나가면 된다. 그래서 처음에는 자신이 좋아하는 주제를 다루는 게 좋다.

5. 즐길 수 있는 환경 조성
- 누구나 좋아하는 환경이 있으리라고 생각한다. 그건 시간이 될 수도 있고, 장소가 될 수도 있다. 예를 들어 나는 햇살이 내리쬐는 낮에 조용한 카페에 앉아 있으면 묘한 나른함과 함께 안정감을 느낀다. 이때 노트북이 있으면 저절로 글이 작성되는데, 가끔은 카페에 가기 위해 글을 쓰기도 했다. 그리고 조용한 새벽도 좋아하는데, 이때가 가장 집중이 잘돼서 일부러 내 생활 리듬을 이 시간에 맞추고 있다. 이런 식으로 자신이 집중하거나 즐길 수 있는 환경을 조성하는 것도 꾸준함을 유지하는 데 도움이 될 수 있다.

6. 자신의 성향 파악
- 나는 마감 시간 등의 압박에 시달리는 걸 매우 싫어한다. 그런 나에게 블로그는 온전히 혼자 할 수 있는 일이기에 최적의 플랫폼이다. 하지만 만약 마감이 정해져 있어야 마음이 편한 사람이 있다면 스스로, 혹은 독자와 약속하는 것도 좋다. 예를 들어 내가 유튜브 영상을 매주 금요일에 올리는 것처럼 말이다. 아니면 소통을 좋아하는 경우 이웃 활동을 하는 것도 도움이 될 수 있으며, 자신의 성향을 파악하여 도움이 될 수 있는 건 뭐든 해보면 좋다.

7. 선언의 힘
- 무언가를 선언한다는 것은 그 자체만으로 매우 큰 힘이 된다. 실제로 나는 주변 사람들에게 '나는 성공할 거야'라는 말을 참 많이 하는

> 데, 때로는 혼자 있다가도 '힘내자! 넌 잘될 거야'라고 말하면서 내 자신에게 긍정적인 힘을 주려고 노력한다.
>
> 8. 일로 느끼지 않기
> - 흔히 취미가 일이 되면 안 된다고 이야기하지만, 블로그는 이 점에서 조금 특별하다. 방향에 따라 압박에 시달릴 일이 없어 온전히 내 페이스를 유지할 수 있으니 말이다. 나에게 블로그는 여전히 취미이고, '심심한데 뭘 하지?'라는 생각이 들 때 가장 먼저 떠올릴 정도로 블로그를 좋아한다. 그리고 때로는 성장, 경쟁, 전략이라는 부분에서 게임처럼 느껴지기도 하는데, 조급해하지 않고 느긋하게 즐기면서 했으면 좋겠다.

동기를 얻는 방법은 사람마다 다를 수 있다. 그리고 그게 꼭 특별하지 않아도 되기 때문에 작은 부분에서 도움이 되는 것들을 하나하나 늘려나간다면, 자연스레 꾸준함을 유지할 수 있다.

당신은 나보다 더 빨리 성공할 것이다

디지털 노마드는 원래 장소의 제약 없이 노트북 등의 디지털 장비를 갖고 다니며 일을 하는 사람을 의미한다. 그리고 이러한 특징 덕분에 최근에는 자신이 좋아하는 것을 하며 자유롭게 사는 사람이라는 인식이 생겨났다. 앞서 말했듯이 디지털 노마드가 된다는 건 결국 프리랜서나 사업자가 되는 것이기 때문에 사업가 마인드를 가져야 한다. 또한 모든 것을 스스로 생각하고 결정할 수 있어야 한다.

인터넷으로 돈을 벌기 시작했다

디지털 노마드는 단순히 오프라인에서의 공간만이 아닌, 온라인 공간도 의미 있다고 생각하는 사람들이다. 디지털 노마드는 한 플랫폼에 정착하는 것이 아니라 그때그때 돈이 되는 플랫폼을 찾아야 하기 때문이다.

---

1. 메신저의 유행 변화
- MSN 메신저 → 버디버디 → 네이트온 → 카카오톡

2. SNS의 유행 변화
- 싸이월드 → 페이스북 → 인스타그램 → 유튜브

예를 들어 디지털 노마드도 사업이라고 이야기했는데, 오

프라인에서는 60년 전통의 맛집처럼 오랜 시간의 서비스가 존재할 수 있지만, 온라인에서는 그렇게 긴 전통이 생기기 어렵다. 애초에 인터넷이 생긴 지 오래되지 않았으며, 트렌드가 빠르게 변화하기 때문이다. 실제로 인터넷 초창기에 생겨난 대부분의 서비스가 사라진 것만 봐도 디지털 노마드로서 한 플랫폼에 의존하는 게 얼마나 위험한 일인지 알 수 있다.

물론 블로그는 특정 서비스를 지칭하는 것이 아니라 포털과 운명을 함께하기 때문에 트렌드가 변화해도 유지될 확률이 높은 건 사실이다. 하지만 앞으로 어떤 변화가 생겨날지 알 수 없는 만큼 생각의 전환이 필요하다. 바로 블로그로 돈을 번다는 생각을 버리고, 인터넷으로 돈을 번다는 생각을 가져야 한다. 그렇지 않으면 디지털 노마드로 먹고사는 일은 어려울 수 있다.

내가 애드센스뿐만 아니라 전반적인 온라인 마케팅에 관해 이야기했던 이유도 바로 여기에 있다. 나는 부업이든 전업이든 디지털 노마드를 목표로 하는 사람들이 조금 더 안정적인 생활을 할 수 있기를 희망한다. 그런 의미에서 특정 플랫폼에 얽매이지 않고 늘 새로운 길을 모색하는 것도 중요하다. 그래서 다양한 플랫폼을 통해 자신만의 파이프라인을 구축했으면 좋겠다.

파이프라인의 확장

인터넷이 생기면서 가장 먼저 탄생한 소셜미디어 플랫폼은 블로그다. 블로그를 배우면 이후 다른 온라인 플랫폼에 적응하는 것은 그리 어렵지 않으며, 블로그에서 쓰던 노하우가 그대로 적용되는 경우도 많다. 그리고 온라인 마케팅을 이해하면 이후 다른 플랫폼을 수익형으로 활용하는 것도 그리 어렵지 않다. 예를 들어 유튜브를 운영할 때 애드센스 광고나 협찬에만 의존하는 게 아니라, 내가 리뷰하는 제품에 제휴마케팅 광고를 연동하는 등의 생각을 자연스레 떠올릴 수 있게 된다. 그렇다면 파이프라인의 확장을 위해 우리에게 가장 필요한 건 무엇일까? 바로 내 능력을 십분 활용할 수 있는 플랫폼을 찾는 것이다.

1. 글쓰기의 확장
- 글쓰기에 익숙해졌다면 광고 수익을 얻는 티스토리 블로그 외에도 네이버 블로그 등을 활용해볼 수 있다. 예를 들어 티스토리는 애드센스 블로그로 활용하고, 네이버는 브랜딩을 해서 협찬을 받거나 원고료를 받는 방향으로 운영하는 것이다. 이는 안정된 수익 구조를 강화시켜 당신의 삶을 더 윤택하게 만들 것이다.

2. 콘텐츠의 확장
- 글쓰기를 많이 하다 보면 소재를 찾고 스토리텔링을 하는 게 익숙해

진다. 이 노하우를 이용해서 유튜브를 활용하여 동영상 콘텐츠를 제작하는 등 다양한 시도를 해볼 수 있다.

3. 재능의 확장
- 최근에는 참 다양한 재능 공유 플랫폼이 생겨났다. 대표적으로 CLASS101, 탈잉, 패스트 캠퍼스, 크몽, 프립 등이 있는데, 오프라인은 물론이고 동영상이나 전자책으로 내가 가진 재능을 판매 할 수 있다. 자신이 다루는 콘텐츠나 플랫폼과 관련된 노하우가 있을 때 이용하면 좋은데, 예를 들어 PPT 제작 방법이나 엑셀 사용법 같은 아주 일반적인 분야도 괜찮다.

디지털 노마드는 도전과 실패에 익숙해져야 한다. 나에게 적합한 플랫폼을 찾았다면 성공 여부를 떠나 도전해보길 바라며, 시작하지 않으면 결과는 절대 알 수 없다는 것을 꼭 기억했으면 좋겠다.

01.23	ILT20	10,705,595원	02.24	ILT20	10,262,283원	03.23	ILT20	5,813,373원
04.22	ILT20	5,261,715원	05.22	ILT20	7,059,033원	06.22	ILT20	10,916,852원
07.22	ILT20	8,277,399원	08.24	ILT20	6,217,099원	09.22	ILT20	4,894,210원

〈리남의 실제 블로그 수익〉

블로그는 당신이 도전할 수 있는 기반이 되어준다. 한번 수익을 쌓아두면 최소한의 관리로 어느 정도의 수익을 유지할 수 있고, 이러한 파이프라인의 존재는 심리적인 안정으로 이어져 다른 일에 몰두할 수 있도록 도와줄 것이다.

사실 나는 한 해 동안 블로그 활동을 거의 하지 못했다. 겨울과 가을까지 CLASS101 기초 강의와 심화 강의를 준비했고, 가을과 겨울은 이렇게 책을 쓰고 있으니 말이다. 하지만 내가 일을 하지 않는 순간에도 블로그는 열심히 일했다. 내가 운영하는 3개의 애드센스 계정 중에서 메인 계정 1개에서만 8000만 원 이상의 수익을 얻었다. 애드센스 말고 다른 파이프라인들에서도 비슷한 수준의 수익을 얻었다. 나는 이렇게 한 달에 평균 3000만 원 이상의 수익을 얻으며 지금도 새로운 수익 파이프라인을 만들고 있다.

물론 이러한 기반을 만들기 위해 많은 노력이 필요했다. 어쩌면 쉽지 않은 길이 될 수도 있었다. 하지만 여러분의 눈에는 성공했다고 보이는 나에게도 절망의 시기가 있었다. 그럼에도 오직 성공할 수 있다는 일념으로 많은 시행착오를 겪으며 이 자리까지 올 수 있었다. 그런 의미에서 이 책을 끝까지 읽어준 여러분은 나보다 더 빠르고 크게 성공할 확률이 높다고 생각한다.

 내가 이 책을 통해 마지막으로 전하고 싶은 메시지는 단 두 가지다. 하나는 도전이 꼭 거창할 필요는 없다는 것, 그 시작은 단돈 30만 원이라는 목표로 충분하다는 것이다. 다른 하나는 포기하지 않으면 실패도 없다는 것이다. 멈추지 않는 이상 얼마나 천천히 가는지는 문제되지 않는다. 오직 멈추지 않는 일, 그게 당신을 성공 궤도에 올려놓을 것이다.

에·필·로·그

이 책 제목의 주인공이 당신이었으면 좋겠습니다

　이 책을 다 읽고 "내가 정말 할 수 있을까?"라고 생각하신 다면 마지막으로 이 말을 해드리고 싶습니다. 저는 부자도 아니고 완벽한 성공을 이룬 사람도 아닙니다. 그래서 저로서는, 성공한 사람들에게는 뭔가 특별함이 있다고 생각될 때가 있습니다. 하지만 성공한 사람들은 자기 자신이 특별하지 않고 오히려 평범하다고 말합니다. 과거의 저는 이것을 겸손이라고 생각했었습니다. 그러나 문득 그 말이 정말 사실일지도 모른다는 생각이 들었습니다.

　저는 자는 동안에도 돈을 벌고 있습니다. 그리고 친구들을 만나 즐겁게 지낼 때도, 어딘가로 이동할 때도, 그리고 지금 이 글을 쓰는 순간에도 돈을 벌고 있습니다. 물론 수익 파이프라인을 만드는 과정이 쉽지만은 않았지만, 결과적으로는 어느 정도 쉽게 돈을 버는 쪽에 속하게 되었습니다. 많은 사람이 바라는 삶에 가까워진 것이죠. 하지만 이건 어디까지나 결과일 뿐이라고 말씀드리고 싶습니다.

제가 이 책을 쓴 이유는 자명합니다. 평범한 사람으로서 여러분에게 현실적인 동기부여를 드리고 싶었습니다. 그래서 '나는 정말 평범한가?'라는 물음을 끝없이 던졌습니다. 결과는 아무리 생각해도 저는 특별한 사람이 될 만한 그릇을 갖고 있지 않다는 것이었습니다. 가령 저는 무일푼으로 시골에서 도시로 상경할 만큼의 배짱을 갖고 있지 않습니다. 마찬가지로 아무리 큰 비전을 갖고 있다고 한들 빚을 지면서까지 사업하는 스타일은 아닙니다. 여러분과 같은 평범한 사람 그 자체입니다.

지난날, 저의 도전들은 실패했을 때 손해를 보지 않고 제가 감당할 수 있는 범위 내에서 시도한 것들이었습니다. 무엇보다 수익형 블로그라는 새로운 분야를 도전할 수 있었던 결정적 이유는 당연한 것을 당연하게 받아들였기 때문이었습니다.

너무 많은 고민과 준비는 오히려 안 되는 이유만 찾게 합니다. 저는 이게 시작하지 못하는 가장 결정적인 원인이라고 생각합니다. 너무 생각이 많아 시작할 수 없는 것이죠.

당장 시작하는 게 중요하지, 무엇을 시작하는지는 그리 중요하지 않습니다. 어느 분야이든 고수익자는 있기 마련이며 첫 도전은 실패할 확률이 매우 높습니다. 그리고 저 또한 그랬듯이 이건 평범한 사람들이 겪는 매우 당연한 현실입니다. 자신을 평범한 사람이라고 생각하신다면 그 당연함을 당연하게 받아들여 가능성이라는 씨앗을 뿌린다는 마음으로 도전해보셨으면 좋겠습니다. 열 번의 실패 끝에 한 번의 성공이 있다면 결과적으로는 성공이라고 부릅니다. 대부분의 사람은 그렇게 성공합니다.

솔직히 이런 말씀을 드리는 저에게도 도전은 항상 걱정되고 실패는 절대 익숙해지지 않는 경험입니다. 그저 경험했기 때문에 다음 플랜으로 빠르게 넘어갈 수 있다는 장점이 있었을 뿐입니다. 평범한 사람이 특별한 결과를 원한다면 특별함을 위해 더 큰 노력을 하는 수밖에 없습니다. 무엇보다 지난한 현실을 극복하고 싶다는 마음이 있다면 해내는 수밖에 없습니다. 신세타령이나 하며 가만히 앉아 있으면 변하는 건 아무것도 없으니까요. 그런 의미에서 아무것도 하지 않는 것보다는 고생은 하더라도 꿈을 꾸는 삶이 더 행복하다고 생각합니다.

    제가 마지막에 마지막까지 이러한 진부할 수도 있는 이야기를 드리는 이유는 결국 이게 정답이기 때문입니다. 바라건대 이 책을 덮으면서 당신의 도전 의지까지 덮어지지 않기를 소망합니다. 그리고 말씀드렸다시피 의지의 유통기한은 그리 길지 않기 때문에 지금 바로 시작하셨으면 좋겠습니다. 훗날 이 책 제목의 주인공이 당신이 될지도 모르니까요. 그럼 드릴 말씀은 다 드렸으니 당신의 자유를 응원하며 저는 이만 자러 가보겠습니다.

리뷰요정리남

디지털 노마드 시대, 경제적 자유를 얻는 법
나는 자는 동안에도 돈을 번다

초판 1쇄 발행 2021년 3월 18일
초판 3쇄 발행 2023년 2월 16일

지은이 리뷰요정리남
펴낸이 김선식

경영총괄 김은영
콘텐츠사업2본부장 박현미
책임편집 이영진 **디자인** 마가림 **책임마케터** 문서희
콘텐츠사업5팀장 차혜린 **콘텐츠사업5팀** 마가림, 김현아, 이영진, 최현지
편집관리팀 조세현, 백설희 **저작권팀** 한승빈, 김재원, 이슬
마케팅본부장 권장규 **마케팅4팀** 박태준, 문서희
미디어홍보본부장 정명찬 **디자인파트** 김은지, 이소영 **유튜브파트** 송현석
브랜드관리팀 안지혜, 오수미 **크리에이티브팀** 임유나, 박지수, 김화정 **뉴미디어팀** 김민정, 홍수경, 서가을
재무관리팀 하미선, 윤이경, 김재경, 안혜선, 이보람
인사총무팀 강미숙, 김혜진, 지석배
제작관리팀 박상민, 최완규, 이지우, 김소영, 김진경, 양지환
물류관리팀 김형기, 김선진, 한유현, 전태환, 전태연, 양문현, 최창우

펴낸곳 다산북스 **출판등록** 2005년 12월 23일 제313-2005-00277호
주소 경기도 파주시 회동길 490 다산북스 파주사옥
전화 02-704-1724 **팩스** 02-703-2219 **이메일** dasanbooks@dasanbooks.com
홈페이지 www.dasan.group **블로그** blog.naver.com/dasan_books
종이 ㈜IPP **인쇄** 민언프린텍

ISBN 979-11-306-3583-5 (13190)

· 책값은 뒤표지에 있습니다.
· 파본은 구입하신 서점에서 교환해드립니다.
· 이 책은 저작권법에 의하여 보호를 받는 저작물이므로 무단 전재와 복제를 금합니다.
· 본 저서 내 사용된 이미지는 각 회사의 저작물이므로 무단 사용 및 배포를 금합니다.

다산북스(DASANBOOKS)는 독자 여러분의 책에 관한 아이디어와 원고 투고를 기쁜 마음으로 기다리고 있습니다. 책 출간을 원하는 아이디어가 있으신 분은 다산북스 홈페이지 '투고원고'란으로 간단한 개요와 취지, 연락처 등을 보내주세요. 머뭇거리지 말고 문을 두드리세요.